潜入・ゴミ屋敷

孤立社会が生む新しい病

笹井恵里子
ジャーナリスト

733
中公新書ラクレ

はじめに

好きなものを次々に買っていつまでも捨てられない、飲み食いしたものをすぐに片付けられない、テーブルの上に物が山積みになっている——そんな人はいるだろうか。

現在は仕事をし、社会生活が送れているとしても、「片付けられない人」の家は何かのきっかけで「ゴミ屋敷」になる可能性がある。本来くつろぐはずの家にゴミがたまり続けると、不思議なことにその後同じシナリオをたどっていく。やがてはその環境に慣れ、ゴミにまみれた中で一人、死を迎えるのだ。

「ここ十数年来の話ですよ。少なくとも20年前にはゴミ屋敷、そこで迎える死という問題はなかった」

と、孤独死現場第一人者で生前・遺品整理会社「あんしんネット」事業部長の石見良《よし》教《のり》さんが指摘する。そう、実は今、ゴミ屋敷は世界的に増加傾向にある。

ゴミ屋敷をテレビで目にしたことがある人は多いだろう。しかし、それを実際に目の当たりにした時の衝撃はすさまじい。「なぜ？」という言葉が頭にうずまく。どうして自分の寝る場所さえなくなるほどの大量の物をためこんでしまうのか。そして、なぜこのような場所を汚いと感じないのだろう。

私が取材のため、同社の作業員として「ゴミ屋敷の整理・清掃作業」に初めて参加したのは、2018年の春のことだった。以来、多くのゴミ屋敷の片付けにあたってきた。〝作業の過酷さ〟はとても一言で言い表せない。作業員の中にはゴミ屋敷で小さな傷口から雑菌が入りこみ、抗生剤を投与するも回復せずに足切断となったり、感染症を発症した人もいた。特に炎天下、エアコンなしの現場で、厚い防護服・防臭マスクを身にまとって行う業務が想像以上につらい。作業した夜は熱中症か、頭痛とひどい吐き気で眠れず、背中や両足にはダニやしらみに刺されたらしい赤い湿疹が出現したこともあった。

それでも単なる取材以上に、「ゴミ屋敷の現場」にたまらなく惹《ひ》きつけられてしまった。断っておくが、私の自宅はかなり片付いている。身近にゴミをためる人もいない。それなのになぜこんなに気になるのか、取材をしながらその理由がわかった。

ゴミをためてしまう、その状態に陥るにはさまざまな要因がある。その一つには「ためこみ症」という精神疾患が挙げられる。ためこみ症は、2013年までは強迫症という精神疾患の一つとされてきた。私は15年ほど前、日本全国の強迫症の患者やそのご家族、100人に取材をしたことがある。強迫症は、手を洗うのが止められない、つり革やドアノブに触れないなど、傍目《はため》には極度の「潔癖症」に映る病といえるだろう。コロナ禍では感染防止のための消毒や清潔意識の高まりから、強迫症患者が増加しているという報道を目にした。その潔癖症と、ゴミをためこむ「ためこみ症」は健常者には相反するものと捉えられるかもしれないが、私から見るとたしかに二つは似ている。根底にあるのは〝完璧主義〟、あるいは何かを達成したいという〝過剰なまでの欲望〟なのだ。

強迫症は一流のスポーツ選手や社長職など、社会的地位の高い人にしばしばみられる疾患だが、ためこみ症も同じく、一流企業に勤める人、医療関係者、教師職など、「ゴミをためこむイメージ」と程遠い人がそれなりの割合を占める。

本人は物を集めずにはいられない自分に、ご家族をはじめ周囲はそんな本人を傍目に見て、どちらも困っているに違いない。何とかしたいともどかしく思っているはずだ。

本書はそのような物をためこむ状態に悩む本人、そしてその身近な人に捧《ささ》げたい。また今はゴミ屋敷ではないが片付けが苦手という人にも、未来への防止策となったらと思う。

第1章はまさにゴミの中で亡くなった人の壮絶現場を作業員としてレポートし、続く

第2章はゴミ屋敷に陥ってしまう背景の病に迫る。ややこしいが、物を集めてゴミ部屋になりやすい「ためこみ症」という独立した精神疾患とは別に、〝強迫症の症状の一つ〟に、物をためこむ症状もある。そのほかうつ病や発達障害、統合失調症、認知症などの精神疾患でも〝物をためこむ〟病態は起こり得る。これらを知識として得ておくと、目の前にゴミ部屋があった時に理解が進みやすいだろう。

そして第3章では、ゴミ屋敷の住人と、「あんしんネット」の作業員がともに片付けていく様子を記した。本来一緒に片付ける人は、誰でもいい。家族、隣近所、友人でもかまわない。だが、できればその人を「大事に思う人」と片付けを進めることが理想的だ。第4章は、現在の治療で行われていること、どこから始めればいいかのヒントを専門家から、そして最終章では再び現場から、孤独死しやすい高齢者の特徴や物量の減らし方、悪徳業者を見分けるコツなどを紹介する。

ゴミ屋敷で亡くなることは不幸だが、ゴミ屋敷は〝不幸の象徴〟なのだろうか。本書ではゴミをためこむ状態を治す、正常にするというより、そこに陥る心理を理解し、共感していくことで、「ゴミをためる人」も周囲の手をかりながら、社会の中でともに生きていければと願っている。

目次

第2章　ゴミをためこむ背景　53

第5章　再び現場から ―――― 153

本文写真／笹井恵里子、今井一詞
本文ＤＴＰ／今井明子

第1章　ゴミ部屋で命が尽きた人々

気温35度を超える8月の猛暑日、東京都内でマンションに一人住まいの60歳男性がゴミの中で死亡した。

近隣の住民が「異臭」を訴えて通報し、警察が室内に入ると部屋で男性が死亡していた。のちに死後1週間と推定される。警察が遺体を運び出した後、室内の片付けに、生前・遺品整理会社「あんしんネット」が呼ばれたのだった。

近年、身体機能が低下した高齢者、社会から孤立した独居者、そしてさまざまな精神疾患によって身のまわりの片付けができなくなった人たちが、整理専門会社へ物の処理・廃棄作業を依頼するケースが急増している。家主は生存している時もあるが、このように亡くなってしまったあと、親族から片付けを依頼されるケースもある。

この死亡した男性宅の片付けに作業員として参加したいと私が申し出た時、同社事業部長の石見良教さんからこんなメールをもらった。

〈夏場の現場はかなり過酷です。とにかく体調に気を付けて現場入りしてください〉

私はもともと体力に自信があったのと、これまで同社でゴミ部屋の片付けをいくつか体験済みだったので不安がなかった。しかしこの現場は、それまで作業した現場とレベルが違ったのだ。臭いと暑さで倒れるのではないかと、初めて身の危険を感じたのである。

1　室内の空間が埋まる

60歳男性がゴミの中で死亡した

ドアを開けた瞬間、〝死臭〟が漂ってきた。

例えば、台所の生ゴミの臭いは〝人が生きている臭い〟だと私は感じる。生ゴミが室内にあれば、大抵の人は臭いから早く捨てたいと思うだろうが、死臭はそのレベルではない。もはやその空間にいることに体が拒絶反応を示すような独特の臭いだ。

その男性の部屋は、玄関入って手前に台所、その奥に6畳一間の1DK。6畳の壁上部に取り付けてあるエアコンに届くほど、室内の空間の5分の4がゴミで埋まっていた。ゴミ山には生ゴミが散らばり、そこここに液状の便がこすりつけられている。壁には死亡した男性のものと思われる髪の毛がねっとりと付着していた。

この1DKからすべての物を搬出する——それが今日の仕事である。

天井に届きそうなほどのゴミ山

ベテラン作業員が室内の奥の高さ160センチ以上のゴミ山によじ登り、そこから下に向かって大きなゴミを投げる。私は台所と6畳の境目あたりでそのゴミを受け取り、バケツリレーのように外の人へ手渡していく。

いつもなら個々に持ち場を決め、それぞれの場所でゴミを処分していくことが多いが、ここでは難しかった。室内にはむんむんとした熱気が立ち込め、とりわけ熱いサウナ室にいるようで、連続した作業は10分が限界だった。10分を過ぎると、まるでウルトラマンのように脳に危険信号が点滅し、目がチカチカしてくる。

誰もが〝ゆでだこ〟のように顔が真っ赤になった。

「あっつー」

「くっさー」

という作業員のつぶやきがしばしば聞こえる。ゴミを受け取ろうと手を伸ばすたびに、手袋内の汗がバシャッと大量に流れ出た。

室内のゴミは、引っ越しに使うサイズの段ボールを組み立て、そこに投げこむ。だが、なんでもまとめて処分すればいいわけではない。食品や液体類、ライター、ビデオ類などは、「処理困難物」として別の袋に仕分けする必要がある。仕分けルールを守らなければ処分場で爆発し、火事などの事故につながる恐れがあるのだ。男性宅は食べかけの生ゴミやアダルトビデオが大量にあり、それを処理困難物として分類する必要があった。しかもゴミにはいたるところに便が混じっていて、気をぬくと腹の底からこみあげてくるものがあった。場数をこなしているはずの当日の現場チーフでさえ、時折外に飛び出し、しゃがみこんで口元をおさえている。

ゴミの中身は食品とアダルトビデオのほか、１９９５年から２０００年に刊行された「週刊文春」「週刊ポスト」も山のように出てきた。それらの雑誌には亡くなった男性の体液が染み込んでいる。と思うと、今度は最新版の東大問題集もあった。このゴミの中で問題を解いていたのだろうか？

ゴミの合間から男性のものと思われる通帳が出てきたので、ちらっとめくってみる。競馬をしていたようだ。賭けた額と負けた額を比べてみると、案外プラスになっている。競馬で小遣いを稼ぎ、数年前まで仕事をしていたらしい形跡もあった。家賃も滞りなく支払えている。宅配生協も前週まで注文があったと聞いた。

しかし死体発見状況を考えても、現在は社会とのつながりがない。現場を見た石見さんは「このゴミをためるのに30年はかかっている」と推測する。

「失業や離婚、転職など何かのきっかけがあり、独居生活とともに失望感みたいなものがあって、どうでもいいやと思ってしまったんでしょうね。そしてご近所さんとのつながりも薄れていった。『個』が大事にされる現代では、特に中年のゴミだめは見つかりにくくなっています」

たしかに〝支払い〟ができている以上、誰も介入できない。だがエアコンも、トイレも使えないゴミだらけの部屋で、本人はきっと苦しかっただろうと思う。

転落死した年収1100万円の男性

大手企業に勤め、年収1100万円という60歳男性がゴミ山から転落し、玄関ドアに頭をぶつけて亡くなったという。男性は家賃18万円の2LDKのマンションに一人住まい。

死亡した男性のご両親はすでに亡くなっている。そのため、男性の兄弟から「あんしんネット」へ室内整理の依頼があった。賃貸物件だからゴミをすべて処分するのはもちろん、室内を大リフォームしなければ大家にも返せない。

同社の見積もりで、室内のゴミ撤去作業には丸5日間要し、総額200万円という。高額だが、片付けなければ毎月の家賃がずっと発生してしまうから、少しでも早めに取りかかったほうがいいだろう。遺族は一括ではなく毎回の作業ごとにその金額を支払うという形で、依頼を決断したそうだ。

同社にとってトップクラスのゴミの量だというから、私もぜひともゴミ撤去作業に参加したいとお願いをした。しかし、「片付け1日目では、玄関口から室内に入ることさえ不可能」と、石見さん。

「初日に2トンロング（2トンより大きい、縦長タイプ）トラック1台分のゴミを搬出しますから、それでようやく室内に入れるようになるでしょう」

男性宅は、玄関入って右手前に一部屋、まっすぐ廊下を進むとリビング、その右隣にもう1部屋あるという間取りだ。初日で右手前の洋室、廊下、リビングに進める動線が確保できたと聞き、私は作業2日目に参加させてもらうことにした。

プレジデントオンライン編集長も参加

すると、この件を話したプレジデントオンライン編集長の星野貴彦さんが「一緒に掃除をしたい」という。これまで多くのメディア関係者にゴミ屋敷の話をし、大半の人が興味を示してくれたが、「自分もやります」と申し出てくれたのは彼が初めてである。とても意外だった。

星野さんは都心のきれいなオフィスで、スマートに仕事をする姿がよく似合い、泥まみれ汗まみれは不釣り合いだったからだ。以前、「ゴミの中で死ぬこと」について話していた時、彼はこんなことを言っていた。

「僕は人が死んでも全く悲しくない性分なんです。仕事関係のある方が若くして突然亡くなった時、面識のない妻のほうが泣いてしまう始末で、自分の冷酷ぶりに驚き、戸惑いました。また父をがんで亡くしていますが、周囲に迷惑をかけるような人だったので、その時も正直ほっとしたと言いますか……。だからもし身内がゴミ屋敷に住んでいて、それで亡くなったら、その親戚の方は『良かった』と思うのではないでしょうか」

だからだろうか。作業当日、星野さんはしきりにゴミ部屋があるところと同フロアの、〝周囲への影響〟を気にしていた。

「ゴミ部屋に住んでいた男性は賃貸みたいですが、ここは分譲マンションですよね。（表札を見て）隣には小さなお子さんがいるみたいだし、こんな立派なマンションにファミリーで住んでいて、隣がゴミ部屋では大変でしょうね……」

この言葉で、私と星野さんでは「視点」が違うことに気づいた。私は周囲に住む人の気持ちに思いをはせたことはなかったのだ。いつも気になって掘り下げたいと思っていたのは、〝ゴミ部屋に住む人の心〟だった。けれどもたしかに、自分が購入したマンションの隣家がゴミ部屋化していたら、たまらない気持ちになるだろう。実際に男性宅の隣に住むファミリーは、玄関の戸、共用廊下の窓に目張りをし、私たちの作業中に〝汚いもの〟が入ってこないように神経質になっているようだった。

室内は、2トンロングトラック1台分のゴミを搬出した作業2日目とは思えないほど、まだまだすべての空間が物で埋め尽くされていた。玄関、トイレ、風呂、キッチン、リビング、そのすべてに160センチ以上の物が積み上げられているのだ。物が積まれて

積み上げられたゴミによじ登る石見良教さん。手前のドアも少ししか開けられない

いることで窓からは光が一切入らない。

それにしても、コロナ禍のため男性は亡くなる前日までリモートで仕事をしていたそうだ。ゴミの中には男性が着ていたらしいスーツもあった。職場の人は、ピシッとスーツに身を包む男性がまさかゴミ部屋に住んでいたとは想像していなかっただろう。ゴミ山からは「ぜんそくの薬」も見つかった。男性を診察した医師は、まさか大手企業で働く患者がゴミ部屋に住んでいたとは見抜けなかっただろう。

室内にどんな物が多かったのかというと、モデルガン、戦車、アメリカの保安官バッチ、プラモデルの類《たぐい》だ。それらがきれいな層となって〝ゴミ山〟ができあがり、まるで〝秘密基地〟を思わせた。端《はた》から見れば孤独な空間だが、本人にとっては好きなものに囲まれた幸せな居場所だったのかもしれない。

石見さんも「自分が集めた宝物の中で生活をしている感じだったのではないか」という。

「ゴミの〝定義づけ〟ってないんですよね。定義がないままに全体で物が積まれてゴミ山になってしまう。毎月数十万円程度プラモデル類を購入していたのではないかと思いますよ」

何がゴミで、何がゴミでないか。判断基準はその物の持ち主であり、持ち主が「全部いる」と思うのなら、それはゴミではなくなる。ただ本人にとってどんなに大切なものでも、持ち主がいなくなれば、物は行き場をなくし、残された家族にとってその物は「ゴミ」と化す。

男性宅では形がつぶれていたり、汚れているプラモデルも少なくないが、中にはきれいな状態で箱に収まっているものもある。部屋中のプラモデルをすべて売りさばけば、中古であっても100万円近くになりそうとのこと。しかし、室内の物の処分費はそれを軽く上回る。

作業は全部で5日間の予定で、1日目・2日目には男性の親族がそれぞれ三十数万円ずつ払ったそうだ。私が作業した2日目は2トンロングトラック1台だったが、作業3

日目は2トントラック2台を用意すると聞いた。そうすると金額も50万円を超える。50万円と聞くとぎょっとするが、ゴミ屋敷の掃除作業には、人件費、トラック、処分費用がかかるため、これでも業者側の利益は少ない。業者に頼んだ場合の処分コストや良心的な業者の見分け方については最終章で詳述しよう。

物に囲まれて暮らす幸せ

働く者からすると、意外と「物の多さ」と「仕事の大変さ」は比例しない。この現場は生ゴミがそれほど多くないため、異臭がしないし虫もいなかった。ベテラン作業員の友部雄人さんに10段階評価で質問してみると、「物の多さは10、作業の大変さは4」という答え。それは私も同感であった。捨てても捨てても物が減らないほど量は多かったが、気分が悪くなる、作業が続けられないということはなかった。

ゴミの中から大量のストッキングを見つけた。〝女装が趣味〟だったのかと、隣にいるはずの星野さんに話しかけようと横を向いたら誰もいなかった。顔を上げると星野さんは玄関近くで、外の空気にあたりながら作業をしている。時折、盛大な「くしゃみ」も聞こえた。

あとからその理由を尋ねると、

「ホコリっぽいところにいると、くしゃみが止まらなくなって」と、星野さん。

「食品類がそれほどでもなかったので軽めの現場だったとは思いますが、自分にはキツイ現場でした。下水っぽい臭いで吐き気が止まらなくなった時がありましたよ」

けれど住人の「物に囲まれて暮らす幸せ」はよく理解できるという。ためこんでいるプラモが、自分の趣味と近いのだそうだ。

「僕も一度はまると徹底的に調べて、買い揃《そろ》える傾向があるんですよ。これまでもサバイバルゲームやアウトドア、自転車、ゴルフ関連のものを集中的に買いました。だから今回、人ごととは思えませんでしたね。あの人も最初から〝ゴミ〟を集めていたのではなくて、ただのマニアだったのでしょう。それが友達や彼女など人との関わりがない中で、どうでもいいやと散らかっていったのだと思います。彼女ができれば家を片付けますよ。これ、めちゃくちゃ重要です」

星野さんは妻に支えられている面が大きいという。妻が出産のため実家に帰ってしまった期間は、家が荒れてしまったのだそうだ。

私は父親が亡くなった時にほっとしたという星野さんに「もしお父さまががんでなく、

このようなゴミ部屋で亡くなったら遺族としての気持ちに変化はあったか」と尋ねた。

星野さんはこう答えた。

「困ったことをしてくれたな、という気持ちが強くなったでしょうね。ただ死ぬだけでなく、ゴミという迷惑まで残していったか、と。自分事として考えても、整理業の方に費用をお支払いして処理を依頼することになったでしょう。その費用負担を強いられるストレスがあったでしょうね」

それではもし将来、子供が一人暮らしでゴミ部屋になったらどうするだろうか？

「それは子供との関係が崩壊しているのだと思います」と、きっぱり言う。

「家のなかに入れてもらえないということですよね。または、もう子供に関わりたくないと考え、放置している結果ではないかと思います。突然ゴミ屋敷になったことに気づいたとすれば、一生懸命に片付けると思いますが、積年の結果とすれば何もできないのではないでしょうか」

親が、子供が、兄弟がゴミ部屋で暮らしていたら、あなたならどうするだろうか。

2　自分を守る防壁作り

家族それぞれがゴミ山を

家族と一緒に暮らしていても、「不和」が原因でゴミ屋敷になることもある。

再び8月の暑い夏の日、神奈川県の高級住宅街の一角にある戸建て内を片付ける仕事が始まった。10人弱の男性スタッフで取りかかり、5日間行う。私は初日の作業に加わらせてもらった。

「作業服のボタンは上までしっかり締めてください。服の中に虫やダニが入ってきます。マスクも二重にして鼻からあごまで覆うこと。帽子や手袋も着用してくださいね」

先輩作業員から注意を受けて慌てて身なりを整える。

「目をつぶって！」

今度は石見さんが私に声をかける。防護服の上から全身くまなく虫除けスプレーをかけられた。

作業1日目である本日は、2トントラックが満タンになるまでゴミを搬出して、家の

固まったゴミをクワでかきだす

中の動線を確保することが目標。

しかし玄関を開けると、いきなり高さ190センチ程度のゴミ山があって中に入れない。ひとまず全員で玄関まわりのゴミ山を搬出しようということになった。何層にも積み重なったゴミはカチコチに固まっていて、一人がクワでゴミをかきだし、それを皆がいつもの引っ越しに使うサイズの段ボールに投げこんでいく。バッサーン、ズッドーンと鈍い音がする。滝のように汗が流れ出るが、強烈に汚れた手ではぬぐうこともできず目にしみた。

ゴミの内容を見ていると、家主がいなくなったのはつい最近だが、ここはもうずっと前から時が止まっていたのがわかる。

およそ20年前の「週刊新潮」や「週刊朝日」、地下鉄サリン事件を起こす前のオウム真理教が載った新聞など、ゴミ山下方の内容物は1995年近辺が多い。つまり25年前から少しずつゴミが積まれていったのだろう。

「よっぽど地元愛が強いんだなー」

アルバイトの作業員が横浜FCの応援グッズを見て口にする。そうなのだ。タオルや旗、人形、パンフレットなど多岐にわたる応援グッズが大量に出てくる。一度も開封されていない、梱包されたままの新品応援グッズもある。可愛らしい「くまのプーさん」のぬいぐるみを廃棄用の段ボールに投げこむ時、胸が痛んだ。新品の人形の上に、汚れたゴミをどんどん積んでいくのはどうしても抵抗がある。

せめて段ボールの一番上に積もうと箱の外に出しておくと、石見さんがめざとく「これは何？」とぬいぐるみの存在に気づいた。理由を話すと、「余計な感情を入れてはダメ」と諭され、段ボールにぬいぐるみを投げこまれてしまった。物に感情を入れると、作業後に自分が苦しく、重くなってしまうという。

ゴミシェルター

今回のゴミは、その種類が多岐にわたっていて〝家族の存在〟を思い起こさせる。

この家族は、複雑な家庭環境だったそうだ。家主であるA男さんは結婚して、二人の息子をもうけた。一人は養子になって他家へ行き、もう一人の子供と妻との三人で生活を送るものの、妻が病死。その後、A男さんはおよそ30年前にB子さんと再婚をした。しかしまもなくA男さんが亡くなる。A男さんの息子と、血のつながらないB子さんが残されたわけだ。ちょうどこの頃からゴミがたまり始めたようだ、と石見さんは分析する。

「ゴミの内容から1階がB子さん、2階が息子エリアと、生活圏が完全に二つに分かれている。仲が悪かったことがうかがえます。家庭内不和により〝家〟という共同体意識がなくなったのでしょう。私はゴミシェルターと呼びますが、他（家族）を寄せ付けず、それぞれがゴミ山で自分を守っているように見えます」

自分を守るゴミシェルター。本人にとってそのシェルターは一つの作品であり、自分が作り上げた作品を守っていきたい、さらに強固な物に仕上げたいという心理が働いているように思える、と石見さんが補足する。

居住者にとってゴミが自分を守ってくれる唯一のアイテムということかもしれない。

しかし、高齢となったB子さんはゴミ屋敷の生活にたまりかねたのか、ここ数年の間に家から逃げ出し、遺産として譲り受けた自身の実家に戻った。だが、そこもゴミ屋敷に。近隣からの苦情で発覚し、B子さんは施設へ入所となった。そしてその時点で息子の姿は元の家になかったという。

実は現在も息子の行方はわからない。今回の整理（清掃）依頼は、A男さんの親戚からである。家を取り壊す場合でも、中に物（ゴミ）がある状態では解体作業ができないためだ。

血縁関係のない二人でゴミ屋敷を築き、その二人が離れたあとも、それぞれの場所でゴミ屋敷が形成されるのが私は不思議でならなかったが、石見さんは「よくあること」と繰り返す。

「ゴミ屋敷のゴミレベルに慣れると、場所を移動してもまた同じようになる。我々にとって厄介な案件は、このように〝親子〟でゴミ屋敷化するパターンです。今、増えてきているんですよ。子供といっても40代から50代くらいのため行政が介入しづらい。大抵は高齢の親の財産を食いつぶしながら生活していて、再建が容易ではありません」

ここまで進行すると、家族の誰かが死ぬか、体調を崩すかしなければ終止符を打てないという。

尿が入ったペットボトル

ところで今回の2階の息子エリアからは、あとから茶色のペットボトルが大量に発見された。中身は尿だ。重度のゴミ屋敷だとトイレが使えなくなるため、居住者はペットボトルで用を足すようになる。作業員の間で〝ションペット〟と呼ばれる。

「ゴミ屋敷が日常化してしまうと、トイレはペットボトルという感覚になるんでしょう」と、石見さんは言う。

「家の中に1本見つかれば、普通は100本以上出てきます。私はゴミ屋敷を〝戦地〟のようなものだと捉え、戦略を練って突撃する気持ちで作業（掃除）に臨んでいます。ションペットもある種、爆弾。かつてはこの烏龍茶が入っているような茶色のペットボトルを発見しても何かわからず、時にはうっかり踏んでしまって周囲に漏れてしまったり、破裂したりして大変な目に遭いました。今はペットボトルを見たら疑います」

ションペットを見つけたら、漏れないように専用のハードな衣装ケースに収容して、会社（あんしんネット）まで持ち帰る。そして1本ずつ中身の尿をトイレに流さなければならない。

「ゴミ屋敷の現場で尿を捨てると、臭気でご近所の迷惑になってしまいますから、会社に戻ってから流すしかないんです。１階のトイレで流していると、２階まで臭気があがってきます。これまでの最高記録は１軒に５４００本のションペットがありました。もちろんすべてフタを開けて、中身をトイレに捨てました。防毒ガスマスクを着用してやりましたよ」

ションペットの仕分け梱包作業の様子（あんしんネット提供）

この尿をトイレでひたすら流す作業については、誰もが「つらい」「気が狂う」と言う。時には吐いてしまう作業員もいると聞いた。ションペットの処理作業に慣れはなく、長年の経験を積む石見さんでさえも「これをやる時は一切の思考を停止させて、ほぼ無心で動いている」と話す。

「正常な感覚で臨むと、頭がおか

しくなるかもしれません。みんな本音はやりたくないですし、それをやらせるほうもまた覚悟がいります」

ちなみにこの作業をアルバイトが行う時は、通常の時給に〝20％程度の上増し〟がされる。あるアルバイト作業員が怒ったように言う。

「社会的にきちんとしている人ほど、部屋にションペットがあったりするんですよ。お茶の先生、学校の先生、医療関係者とか。人前できちんとしすぎているから、家の中がイカれちゃうんじゃないんですか。靴箱にションペットがずらりと並んでいたこともありました。そんな現場では、よく社員さんから指導される〝依頼人の心に寄り添う〟なんて絶対無理ですね」

社会的にきちんとしている人の部屋に、ションペットがある。私が現場で驚いたことの一つである。

これについて早稲田大学の石田光規教授は「ゴミ屋敷にしてしまう人は、『感情労働』が多いといわれている」と指摘する。感情労働とは、相手（顧客や患者）の精神を特別な状態に導くため、本来の感情を抑圧して業務の遂行を求められる労働のことだ。

「業務の対象が〝人〟であるため、感情を自分で作りあげるのです。医療従事者や先生と呼ばれる職種が代表的で、人と接する時に一定の役割を要求されます。そちらでがんばりすぎて消耗しきってしまい、家の中まで気が回らないという面はあるでしょう」

肉体労働や頭脳を使った仕事をして疲れたら休息するように、感情労働の人も、「人」に疲れたら一人になりたいと思うにちがいない。しかしその結果、家の中の「物」を動かす力が残らなくなる。その人をサポートする力が求められる。

3　身の危険を伴う掃除

靴は作業日限りで処分

ションペット（＝尿）があるのだから、もちろん便があることもある。

〝老老介護〟で一方が亡くなったゴミ屋敷の片付けで、私は初めてそれに出会った。

高齢者夫婦が住む戸建て住宅で、妻が病気で入院した数日後に、夫が風呂場で亡くなったという。かねてより近隣から臭いの苦情があったため、地域包括支援センターの職員が見に行くと、部屋中に物があふれていたそうだ。

残された唯一の居住者である妻は、現在も入院中だ。ここには継続して住まず、施設へ入所する可能性が高いという。

家は取り壊される予定で、あんしんネットへの依頼は〈室内の物をすべて処分〉だった。同社の10人近くの作業員が駆けつけて丸2日間、トラックが満タンになるほどの廃棄作業を行ったが終わらなかったという。私は3回目の作業に加わらせてもらった。

「靴は作業日限りで処分できるものを履いてきてください」

事前に同社から言われていたが、室内に一歩入った時に納得した。

防臭効果の高いマスクを二重に着けるが、室内の空気が変わるのがわかる。動物や人の汗、土ぼこりが入り混じったような独特の臭いが鼻をつく。あたりには大量の砂利や鳩の羽、動物の排泄物が染み込んだ紙類が散らばっていた。人が住んでいたとは思えなかった。ここがリビングで、寝室で、というような部屋の秩序が全く感じられなかったのだ。

1階に台所と風呂場、広いリビングのような部屋、2階に2部屋。3日目の作業とはいえ、まだたくさんの物が残っている。風呂釜、冷蔵庫、家具類、食器や布団類……家の中のすべてを処分しなくてはならない。各場所に分かれて作業を行うが、私は「台所から着手せよ」という指示を受けた。私を含めた作業員4人で台所と風呂場付近の片付けに取りかかる。

台所の床には読売新聞が1枚1枚バラバラに隅々まで敷き詰められていて、その厚みは10センチ以上にもなっていた。なんでも〝ぬくもり〟を感じるからと、新聞紙をためこむ高齢男性が多いのだという。もはや床に張り付いてしまっている新聞紙をびりびりと剝《は》がし、いつものように処分用の段ボールに捨てていく。段ボールがある程度たまったら、家の前に駐車しているトラックに自分で運び込む流れだ。

新聞紙を段ボールに投げこむたびに、顔を背けたくなるほどのホコリが舞った。しかし近隣の住民への迷惑を考えて、作業中に窓は開けられない。

何かの物をどかすたびに、ゴキブリやクモが這《は》いずりまわる。皆がどんどん段ボールに物を投げ捨てていく。段ボールの中を動き回っていたゴキブリが物につぶされて圧死したのが見えた。

台所に備えつけてある棚の上扉を開けると、その近辺の天井までめりめりと剝がれ落ちてきた。屋根にたまっていた水が室内にしたたり落ちる。

非常用だろうか、台所に2リットルの水が数十本あった。液体類はなるべく空にしたほうがいいので、台所で2リットルサイズのペットボトルの水をひたすら流す。

その作業途中、私の足元の床が抜け落ちた。片足がズボッと床にはまる。片付けの途中だったお玉や鍋も、音を立てて床下に転落していく。ミミズがうごめく床下に手を突っ込んで、それらを拾い上げた。靴の中に砂利が入りこみ、足を床上に引っ張りあげる時に足首から出血した。

整理作業中の傷で左足を切断

そう、ゴミ屋敷の掃除をするのは、身の危険を伴う。

かつて同社に勤務していたSさんはこの仕事がきっかけで義足になった。現場で釘を踏んで左足のかかとから出血し、作業翌日に足が腫れて40度の発熱。数日後に病院を受診すると「雑菌の混入」と診断され、抗生剤の点滴や患部の洗浄などが施された。それから3週間、懸命の治療が行われたものの回復せず、やがてSさんの命に危険がおよぶ状態になった。やむなく左足の大腿部からの切断となったという。

「手間がかかり、割に合わず、とても儲《もう》かる仕事とはいえません」とSさんは苦笑いしていた。

Sさんの退職後、石見さんが「(Sさんの足切断を知った時は)大変なショックだった」と打ち明けてくれた。

「まさか整理作業の現場で、傷が原因で足を切断するなどとは考えていませんでした。私も事故が起きるまで知らなかったのですが、彼は糖尿病を抱えており、そのため足の神経が麻痺して釘を踏んだこともわかっていなかったようです。当初は膝下あたりでの切断とのことでしたが、太もも部分まで菌に侵食されていたため、そこまでの切断となったのです。足を失うということを初めて目の当たりにしました。それ以来、特にゴミ屋敷、ゴミ部屋、変死現場ではより一層の注意を心がけています」

そう聞くと、登山靴のような厚い靴を履けばいいと思うかもしれないが、あまりの重装備はゴミが積まれた不安定な足場でかえって危険なのである。

2階から声がかかった。

「笹井さーん、2階から布団を落とすから、それを玄関近くにまとめて運んでくれるー？」

了承の返事をすると、丸められた布団が階段をつたって転がり落ちてきた。二人暮らしだったとは思えないほどの何枚もの布団。簡単に畳んで玄関近くに持っていく。高さ

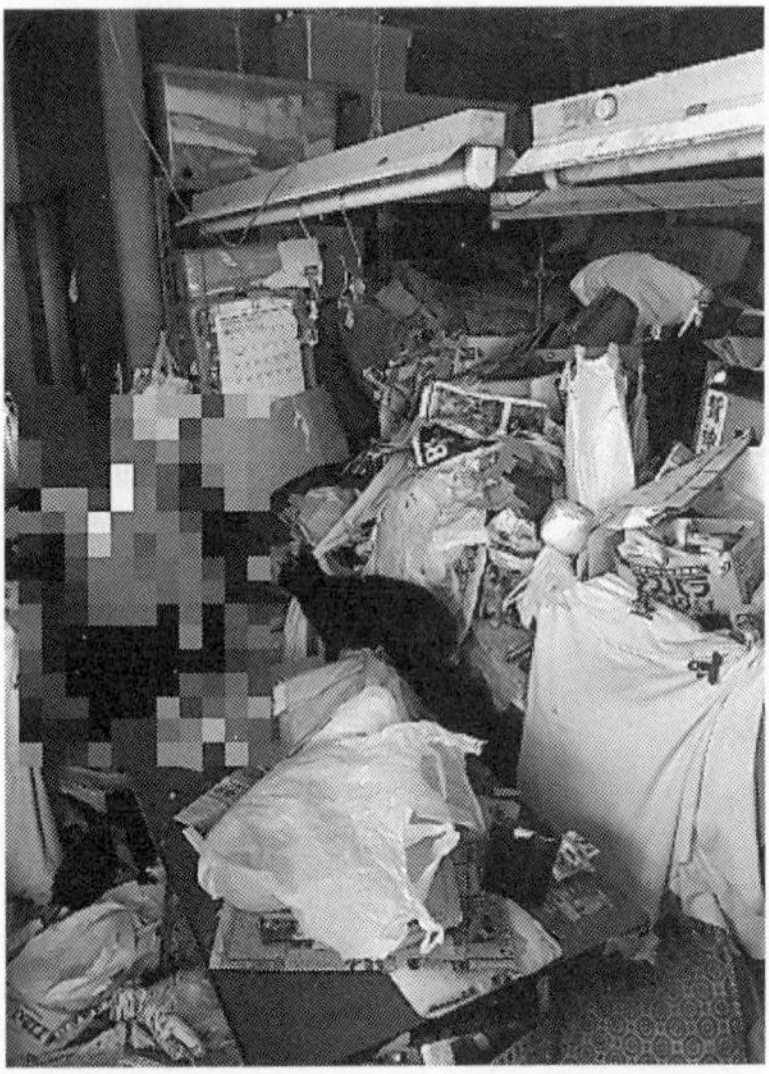

作業中に確認した猫。大量の鳩の羽や動物の排泄物が染み込んだ紙類など、衛生的な環境とはいえない

1・5メートルくらいの布団の山が4列できた。小さな毛布類はビニール袋に入っているが、そこになんと人の大便がくっついているのが垣間見えたのだ。手にするだけで臭う。これまでの2日間の作業では、1階の床にも大便が転がっていたという。作業員の間では「ションペット」に対し、便を「大爆弾」と呼んでいる。

室内の壁に取り付けてあるエアコンのなかには、鳩の羽がびっしり詰まっていた。居住者だった夫は屋外で鳩に餌やりをしていたが、近隣の飲食店から苦情がきて、室内で餌をあげるようになったそうだ。「室内で鳩に餌をあげる」という行為に驚いた。猫も10匹飼っていたというが、その日は2匹しか確認できなかった。

冷蔵庫の扉は「息を止めて開ける」のが作業員の鉄則だ。この家の冷蔵庫には腐った食品が山のように並び、炊飯器の中には緑色の米がどんとあった。

「人に何が起きたら、家がこういう状況になってしまうんだろう……」

近くにいたアルバイトの作業員がぽつりとつぶやく。私も片付けをしながらもの悲しい気持ちに陥った。こんな家ではとても安らげない。

最期に自分の尊厳を保つ

石見さんが語る。

「もしも自分が認知症などで介護を受ける状態になったら、もしも災害が起きて物がつぶされたら、もしも突然死したらと考えて、できる限り身のまわりをすっきりさせておいたほうがいい。もしもに備えることが、最期に自分の尊厳を保ちます」

実は、石見さん自身の実家も、ゴミ屋敷に近い状態であったという。

「母親が認知症だったんです。やがて母親は施設暮らしとなり、家の中がすごい状態になってしまったようで……。私は離れて暮らしていたので気づかず、ある時、実家に戻って驚きました。父親は、朝昼晩と母親の介護のため施設に通っていて、家の中の片付けまで手が回らなくなってしまったんですね。3日間、僕がレンタカーを借りて不用品を処分したんです。もっと早い段階で気づいてあげたかったと、そして父親も母親も快適な環境で晩年を過ごさせてあげたかったと、今も悔いています」

高齢者だけでなく、普通に会社員として働く中年層にも、室内に多くのゴミがたまる不衛生な環境で生活している人が少なくないという。

「41歳の看護師さんで、室内に約170センチの高さのゴミが積み上がっていたり、48歳の一人暮らしの男性は、死後3か月経過してゴミ部屋で発見されました。仕事場でのストレスや挫折、配偶者との死別や離婚、リストラ、定年など……いずれにしても精神的に孤立して、気づいたらゴミ部屋になっています。そして、それが〝孤独死〟にもつながりやすい。誰にも看取られることなく息を引き取り、その後、相当な期間放置されるような悲惨な最期になってしまいます。死後発見が3週間を超えると、お葬式でちゃんと顔を見てお別れすることが難しくなるでしょう」

できれば死後2日以内に発見されるような人間関係、社会的なつながりがあるといいという。

孤独死現場でハエが大量発生

死後1〜2日経過する程度なら誰に起こってもおかしくなく、それほど大きな問題は起こりにくい。だが、夏場なら死後3日をすぎると腐敗が進む。冬場でも数週間経てば臭いが漂い、やがて遺体が溶けていき、体液血液が流れ出て床が大変なことになる。そしてその臭いにひきつけられてハエがたかり、卵を産みつける。

卵がかえればウジになり、2週間ほどすると成虫＝ハエになって飛ぶ。するとそのハエがまた卵を産みつけ、どんどんウジがわき、さらに多くのハエが飛び回る。石見さんが経験した中では、ハエが大きな渦をまいて室内を飛び回っていた現場もあったという。その時は玄関越しに高音の羽音がして、入室する前から異様な雰囲気だったとか。

入室前に「外からの羽音」はしなかったが、「ハエの死骸の山」で作業をしたことがある。

ある冬、60代男性が死後1か月を経過して発見された。

その男性は戸建て住宅に一人暮らしをしており、近所の人が異臭を感じて通報。遠方に住む80代の母親が駆けつけて本人確認をした。亡くなった男性の死因は脳系の病だったという。突然死だったのではないかとみられる。母親は葬儀会社からの紹介で、室内の清掃とすべての物の処分を「あんしんネット」に依頼したとのことだった。

そこには数百、もしかすると数千かというハエの死骸があると聞いて、私も作業に参加させてもらった。

私が現場に入る10日ほど前、同社社員である平出勝哉さんが「特殊清掃」を行っている。特殊清掃とは、遺体の腐敗でダメージを受けた室内の原状回復をする清掃作業のこと。今回の場合では、おびただしい数のハエが飛んでいたためその殺傷作業と、男性が畳で死亡していた畳に付いた体液の拭き取り作業、それをビニールで密封、室内の消毒作業を行ったという。

「ほかの現場の作業後、夜に僕ともう一人の社員二人で室内に入りました。すごかったですよ。もう壁が真っ黒になるくらい、びっしりハエが止まっているんです。ハエめがけて殺虫剤をかけました。すると断末魔というか、ハエが泣き叫ぶんです。そしてぼとぼと下に落ちていく。床でハエがのたうちまわる。僕一人でしたら怖くなってできなかったかもしれません」

現場は、都心から車で1時間半程度離れた場所で、静かな住宅街だった。だから余計にあんしんネットのトラックが目立つ。私たちが到着すると、近隣の住民がカーテンの隙間からこちらをうかがっているのがわかった。

しばらくすると、死亡した男性の母親も到着し、近隣の住宅を一軒一軒訪ねて挨拶していた。今日清掃作業が行われると、事前に聞いていたらしい。母親が声をかければ、近隣の方が「気にしなくていいのよ」というように笑顔で応対していたのが見えた。

室内に一歩足を踏み入れると、あの夏場に体験したものよりやや威力の弱い、独特の臭いがした。そう死臭だ。ただのゴミ屋敷であれば、腐った食品などから発せられる下水に近い臭いだが、人が死亡した現場では、食品や物ではない、たしかに人間がいたという、それも死亡したあとのすえた臭いがする。

男性宅は1階にリビングと台所がひと続きになった12畳程度の1部屋、トイレ、風呂があり、2階に3部屋という4LDKの間取り。一人住まいとしてはかなり広く、物はゴミ屋敷というほど多くはない。ただし床に視線を移すと、あらゆる場所にハエの死骸が落ちていた。家主の男性は1階リビングの窓際で死亡していたそうだが、ハエはその場所だけでなく、台所や風呂場、トイレなどまで飛び回っていたようだ。

この現場に行き着くまでゴミ山はたくさん見てきたし、もはやそこに尿や便が混じっていても驚きはしないが、大量のハエの死骸に遭遇するのは初めての経験で、鳥肌が立った。特殊清掃からずいぶん日が経っているのに、完全に死んでおらず、ピクピク動いているハエもけっこういるのだ。

遺体があった1階を私とアルバイトのKさんで、2階をアルバイトの大枝祐明さんと三井雄介さんで担当し、室内の物をすべて撤去する作業に取りかかった。現場チーフである平出さんはご近所への挨拶や、さまざまな段取りで各所忙しく動き回っている。

〝ご近所の目〟があるため、カーテンが閉められた薄暗い部屋の中で作業を行う。自分の身を守るために、作業靴の上からゴミ袋を巻いた状態で室内に入ったものの、歩くたびにハエの死骸を踏み潰している感触がある。

リビングの中心にあるテーブルには、コップが置かれ、中にはコーヒーがなみなみと入っている。その中にももちろんハエの死骸がいくつも浮いている。

部屋の一角には透明なビニールで密封された畳が立てかけてあった。平出さんが体液を拭きとって密封した畳だと思うが、近くでよく見れば、びっしりとウジや卵が畳に張り付いているではないか。背筋が寒くなった。

リビングに隣接する台所では洗剤や調味料などが数多くあった。液体類は流してから廃棄する必要があるので、シンクで水道水を流しながら行うことにした。シンクの排水

孤独死した男性の体液が付着していた畳

口にこれまた数十匹というハエの死骸がたまっている。その排水網を取り除いてしまうと、ハエが排水溝に落ちていきそうなので死骸を取り除くことができない。仕方なく、水道水の蛇口をひねって水を流しながらハエの死骸の上に液体類をどんどん流して処分していく。ハエの死骸が洗剤の色に染まっていった。

「こんなメモ書きがありましたよ」

Ｋさんが見せてくれた。「××に騙《だま》された。死んでしまえ」という、ある女性を呪うような紙がいくつか出てきたのだ。亡くなった男性の筆跡のようだった。文面から相手を心底恨んでいた様子が伝わってきて、部屋の空気が重くなったように感じる。

ある人物を恨みながら、ここで一人パソコ

ンできる仕事をし、誰とも会うことなく生き絶える。遺体は放置され、ハエがたかり、住んでいた場所がハエの死骸でいっぱいになる。たとえ「自分の死後はどうなろうと関係ない」と思っている人がいたとしても、これほど人の尊厳が奪われることはないだろう。

ハエを掃除機で吸う

数時間後、すべての物を撤去し、がらんとした室内ではハエの死骸だけが残った。特に男性が亡くなった窓近く、窓の溝には死骸が大量に詰まっていて、ホウキではなかなか取れない。

「掃除機で吸うしかないでしょう」

といわれ、私は掃除機を片手にハエを吸う係になった。死骸ならともかく、まだぴくぴく動いているハエも吸い取っていくのはあまり良い気分ではない。だが、作業員の誰かがやらなければならない。トイレや風呂場にまで落ちているハエを私はひたすら掃除機で吸い取っていった。

それも終わると、平出さんが室内すべてに人体に無害の消毒薬をまいて作業終了となった。

外に出ると、アルバイトの作業員が思い思いのことを口にしていた。

「これでご近所の人もひと安心だろうなぁ」

「でも俺は今日の作業、やだったよ。なんか重苦しくて」

「恨みつらみがすごかったよね」

作業員らがトラックまわりを片付けていると、家主の男性の母親がお礼を言いに近づいてきた。「ありがとうございました」と、こちらに向かって何度もおじぎをする。80代と思えないほど背筋が伸び、しっかりとした足取りだった。気持ちの整理がついているのか涙ひとつこぼさない。そのあと平出さんと、処分するものと、室内から出てきた貴重品の確認を進めていた。

男性は信仰心があったらしい。仏像や仏様が描かれたような絵もあった。

「印鑑だけ見つかれば……あとはみんな処分してください」

と、母親がきっぱりと言う。

石見さんは、自分たちの仕事を「物の道先案内人」だと言う。この物は、誰の手に渡ったらいいのか、依頼人の話を聞き、亡くなった人であれば推理を働かせ、物の要不要を決めていく。価値あるものであれば専門業者に売り、お金に換えて、依頼人に手渡すこともある。しかし今回の現場では、印鑑以外のすべての物が処分となった。

ここでは物の量が多くはないと記したが、このままいけば重度のゴミ屋敷に陥った可能性は高い。ゴミ屋敷を掃除していると、孤独の度合いが強いほど室内がすさんだ状況に陥るのがわかる。反対に、物を集めることにはまっていき、ゴミ屋敷化していくと、家主は孤独になっていく。人ではなく物にしか目を向けないからだ。

住む場所がゴミ屋敷になってしまう人物像を、あなたはどう想像するだろう。本章で取り上げたように、実は意外にも高学歴や大手企業にお勤めの人がゴミ部屋に住むことも少なくない。

次章では、専門家の視点から「物をためこむ」という症状が起こる、さまざまな病について取り上げよう。

第2章　ゴミをためこむ背景

ゴミ部屋のような、とても人が暮らす環境でない場合、それは本人の好みや生き方・ライフスタイルの問題だけではない可能性が高い。

本章では、物をためこむその背景にある病を取り上げる。

1 「ためこみ症」という病

物があふれて生活できない

家に物があふれて生活できなくなる「ためこみ症」という精神疾患がある。

ためこみ症は、かつて「汚れが気になって手を洗うのがやめられない」「ドアノブや電車のつり革に触れない」「数をかぞえてばかりいる」などの症状がある精神疾患「強迫症」の一種とされてきた。それが2013年、米国精神医学会が改訂した精神疾患の国際的診断基準（DSM－5）で別の病気として定義された。

ためこむ物は、雑誌や書籍、新聞、食料品、空き箱などさまざまで、手元にある物を将来の使用に備えて整理することができず、ゴミの山のように積み重なっていく状態だ。

「ためこみ症の症状は大きく▽物を大量に集める▽整理整頓ができない（食べても置きっぱなし）▽物への執着が強くて捨てられない、の三つです」

と、九州大学病院精神科の中尾智博教授は説明する。

「物に対する愛着や執着がものすごく強く、物を捨てることは〝体の一部を取られるようだ〟という人もいます。ゴミじゃないと否定する場合もあるでしょう」

ためこみ症かそうでないかは〝障害の程度〟で見分ける。

「床面がちゃんと床面として機能しているか、テーブルがテーブルとして使えるか……。まあ私の机も今、物に占拠されていますが（笑）。洗面台やお風呂、台所など、生活空間が機能しているかどうかというのと、その障害が前述した三つの要素を満たしているかを見極め、診断しています」

病気の原因はよくわかっていないが、遺伝的な要因が大きいとされる。遺伝的なかかりやすさをもった人が、心理的にショックな経験をすると、発症リスクが高まるという。

人口の2〜6%、20人に1人

私は実際にゴミ屋敷の現場を片付けるまで、そういった家に住む人は、ホームレス一歩手前の社会から取り残された人だと感じていた。しかし実態は違った。ゴミ屋敷の住人には「孤立」「孤独」という側面はあるのだが、日中は社会とつながっている人が少なくない。大手企業に勤めていたり、医療従事者、教師など、社会的地位の高い職種に就いている人の自宅が、ゴミであふれかえっているという現実に驚いた。

中尾教授も静かにうなずく。

「私が診る患者さんでも、それなりの地位の方がいますね。ためこみに関係する、物の過剰な収集や整理整頓が苦手といった点を除けば、そのほかのコミュニケーションや仕事をする機能は保たれているので、周囲から気づかれにくいのです。ただ、その方のご自宅は足の踏み場もない状態。診断基準を満たしていますから、やはり病気なんです」

そのような人の受診のきっかけを聞くと、「本人は病気とは思っていないが、何かに困って」というパターン。あとは家族が捨てたくても本人が捨てさせてくれないということに悩み、周囲が精神的に参って相談するケースもある。

いずれにしても「ためこみ症」だと思って受診することはほぼないそうだが、実は人口の2~6%、20人に1人がためこみ傾向をもつというデータもある。病気として注目されてきたのは、ここ10年の話だ。

近年の単身世帯の増加とも関係があるのだろうか。

「あると思います。単身世帯が増えているだけでなく、1世帯あたりの人数が減少傾向であることも影響している可能性があります。日本は少人数世帯も単身世帯比率も高いですが、世界的にみると日本だけが突出しているわけではありません。私はロンドン、福岡、リオデジャネイロ、バルセロナの4都市で各何十世帯かを対象とした国際調査にも参加したのですが、ためこみ症＝物をためこんで捨てられない人たちは一定数いたのです」

つまり現時点で、「ためこみ症に文化差はない」と考えられている。室内がゴミで乱雑になってしまうことは、日本だけに起きていることでなく、〝世界的に〟問題になっているのだ。

「ためこみ症」と「ためこみ行動」は別モノ

さて、それではゴミ屋敷の住人が全員「ためこみ症」かというと、それは違う。物がたまってしまう状態を「ためこみ行動」というが、それと「ためこみ症」という疾患は別モノなのだ。

上越教育大学大学院心理臨床コースの五十嵐透子教授が「うつ病と抑うつ状態」を例に挙げる。「憂うつ気分」は誰しも起き得る状態だが、それが長期間、生活に障害をきたすと「うつ病」という病態になる。二つは、分離されている。

「『ためこみ症』になると不必要な物が処分できない、そのために意図したようにそれぞれの部屋を使えなくなるという状態。入手してしまう、整理整頓ができない、処分できないの三つの要素が必要になります。しかし『ためこみ行動』は、〝その状態〟だけを言っています。学校を長期欠席する『不登校』も現象に与えられている言葉であって、背後にはさまざまな要因がありますよね。それと同じような形です」

ためこみ行動を起こす要因として、例えば「強迫症」や「統合失調症」「認知症」、発達障害の一種である「注意欠如・多動症（ＡＤＨＤ）」「自閉スペクトラム症（ＡＳＤ）」がある。

２０１３年以前は「ためこみ症」と同じ病気であるとされていた「強迫症」は、不安を発生させる「強迫観念」と、それを打ち消そうとする「強迫行為」がある。例えば、他人が触ったものに菌がついている、火事が起きるのではないか、戸締まりを忘れるのではないか。車を運転して人をはねるのではないかなどといったものに不安が起きる。

誰でも多少は抱える要素だろう。そしてこういった不安から起きる「強迫観念」が、ずっと手を洗い続ける（洗浄強迫）、外出する時に何度も施錠を確認する（確認強迫）という行為に結びつく。

ジンクス的なものもある。日常生活で決まった順番で本を並べる、決まった順番で洋服を着るなど。過去に著名なサッカー選手が、試合前に特定のゴミ箱に一発でゴミを捨てないと試合に勝てない（という強迫観念がある）、だから（その行為が達成できるまで試合に）参加できないと、強迫症をカミングアウトした事例もあった。

このような強迫観念や強迫行為も、病かそうでないかの判断は「生活の障害」だと、精神科医の仮屋暢聡氏（まいんずたわーメンタルクリニック院長）が述べる。

「例えば、外出する時、慎重な人が鍵をかけたかどうか確認する行為は不自然ではありません。ですがそれを数十分にわたって繰り返して約束の時間に遅れてしまうとか、その行為の繰り返しでかえって不安や自己嫌悪が強まる場合は病的といえます。逆に決まった回数を確認すると不安がおさまって気持ちよく外出できるというような場合には、必ずしも病的症状とはいえないでしょう」

本人には〝宝の山〟

この強迫症状の一つに「ためこみ行動」がある。集めるものはためこみ症と大差なく、紐《ひも》やレジ袋など、一見すると〝不要なもの〟も少なくない。ややこしいが、強迫症の一つとしてためこみ行動がでる場合もあるし、強迫症とためこみ症という二つの精神疾患を併発する場合もある。強迫症とためこみ症の併存している確率は20％以下といわれる。

だが、それぞれでは物に対する思いの〝決定的な違い〟がある。

「強迫症の人の場合、何かしらの不安に対応するために〝ためこみ行動〟を行っているわけですが、ためこみ症の人の場合は、物を入手した時の喜びやウキウキ感と結びついていることがあります。これを着て、これを使って、何ができて、という〝物を所有する喜び〟があるのです」（五十嵐教授）

ためこみ症がどのような状態か、またその状態を脱却するのにどのような解決法があるかを紐解《ひもと》いていく『片付けられない自分が気になるあなたへ』（金剛出版）というワークブックがある。これはアメリカでグループワークをする際の、ホームワークとして活用されているようだが、原著のタイトルには「Buried in Treasures」と記される。そう、彼らにとってみれば「ゴミ」ではなく「宝の山」であるのだ。

「他人には不要な新聞紙の山に見えても、本人には〝大事な情報〟であり、自分がすべて読んでからでないと処分できないと思っています。もし処分したら、取り返しがつかない情報を喪失してしまうのではないかと。それでいて一度も読まないのがためこみ症の典型です」

ちなみにコレクター（収集家）なら、価値があるものを集め、きちんと整理し、飾るなどして楽しむ。それに対して整理できずに結果としてためこまれているのが「ためこみ症」なのだ。コレクターが集めているものは、他人にとっても宝の山である可能性が高いだろう。

2　ただの〝物〟ではない

ゴミ屋敷住人のクリエイティビティ

私は、前章で紹介した男性（20ページ参照）を思い出していた。大手企業に勤めていて年収は1100万円、家賃18万円の2LDKに一人暮らしをしていた彼は、ゴミ山から転がり落ち、玄関ドアに頭をぶつけて亡くなった。ゴミ山にはプラモデル類が多く、中古品として全部で100万円近くの金額で業者に買い取ってもらった。一度も開封されていない新品のプラモデルがいくつもあったし、明らかに同じ商品も多かったのだ。

「それはよくありますよ」と五十嵐教授。

「ためこみ症の人であれば、買う時はものすごくウキウキしていますし、いい物を見つけた、作ったらこうしようとか思い描いていると思います。ただ実際にはなかなか行動に移せない。開けずに置いてあっても忘れているわけではなく、それ以外のことに忙しいんです」

それ以外のこととは何か。

実はためこみ症の人は、クリエイティビティを表現する手段、「この物はこのように使えるかもしれない」と、物の再利用法を考えるのに忙しい。壊れた物を直してまた高く売ろうと考えていることもあるという。

かつて、「空き缶」を集めている患者がいたそうだ。

その人は、鉄筋コンクリートの3階建ての住宅に住んでいた。上から見下ろすとフロアすべてが空き缶で埋まっている。自分の作った作品がアートとして認められたことから、その材料に空き缶を集め、いつかまた新たな作品を作ろうという思いを抱えていたという。

しかしそういった〝思い〟は、周囲から見れば忙しそうに見えず、それどころか暇そうに感じるかもしれない。

物を購入する時は、普通に生活している人でも、「セール品」だったり、好きなジャンルの「掘り出し物」を見かければ、家に似たような物があっても買ってしまうことがないだろうか。クレジットカードに借金があっても、購入してしまう人もいるかもしれない。ためこみ症とは違うが、五十嵐教授から「ショッピングセラピー」を感じる人もいると聞いた。日常生活で認めてもらったり大事にされたりしているという感覚がない、寂しさを抱えている人が、多額のお金を使い、「顧客」として店員から丁寧な対応をされることで心を満たそうとするのだ。

もちろんためこみ症の場合は、「店員の対応」に主眼が置かれることはなく、〝自分が欲しいから〟〝このような絶好の機会は二度とないから〟という思いで、物をためこんでいく。そのため、ゴミ屋敷にしないためには、「入手ルートをしぼる」ことが必要だ。

これについては第4章で詳述する。

妄想やトラウマ、抑うつと

同じためこみ行動でも、ためこみ症であれば物を所有する喜びがあり、強迫症であれば不安に対応するための行為であることを述べた。ほかにも災害や犯罪に巻き込まれたことによって受けた心的外傷（トラウマ）が原因で「心的外傷後ストレス障害（PTSD）」もためこみ行動を伴うことがある。

〝まゆ〟という形で自分を防御するという。

「盗難を経験された人が窓にバーっと物を置いて入ってこないような形にしたり、物で自分を守ろうとするんです」（五十嵐教授）

「あんしんネット」の石見良教さんも〝ゴミシェルター〟という表現をしていた。前章で紹介したゴミ屋敷に住む男性にトラウマがあったのかどうかはわからないが、人の身長よりも高く積み重ねられたプラモデルは、たしかにその塊自体が戦闘機を思わせた。しかも積んであるプラモデルが〝戦車〟の類なのだ。防空壕のように居場所をぐるりとゴミで囲むような有様も、そこの住人にとってゴミが自分を守ってくれる「アイテム」なのかもしれない。

統合失調症は、脳内で情報を伝える神経伝達物質のバランスが崩れている状態だ。実際にはないことを「妄想」したり、ないはずのものが見える「幻覚」が起きている状態を「陽性症状」といい、喜怒哀楽の表現が乏しくなったり、意欲が低下する状態を「陰性症状」という。そして陽性症状の時は、例えば「自分の排泄物を流すと大変なことになるという妄想」が起き、そのためにトイレを使用後に流さない人が少なくない。一方で陰性症状の時は、物をためこむことはないが、〝物を動かせない〟状態になる。

私の知人で「うつ病」になって、室内が荒れていた人がいた。部屋の中央に自分が寝る布団を置き、そこで日常生活が営めるように布団のまわりに必要な物をすべて置いておくのだ。捨てにいく気力もないため、食べたあとの容器も置かれている。しかし、これはエネルギーレベルと活動性の低下に伴うために起きているので、ためこみ行動ではない。物に対する執着もないだろう。そのため、それをきっかけにゴミ部屋まで進むことは少ないかもしれないが、衛生環境が良いとはいえなかった。

「本人の同意を得られるのであれば、『ちょっと整理しようか』『掃除してあげるよ』と、周囲が声をかけるのはＯＫです」（五十嵐教授）

本人の意欲が回復するまでサポートしてあげられるといい。

ただし、注意点が一つ。

「ためこみ症でうつ病あるいは抑うつ状態を併存していることが最も多く、50～75％にみられると報告されています。その場合は、ためこみ症と別にうつ病の治療が必要なのです」

〝喪失体験〟を埋め合わせる

抑うつ状態やうつ病に陥るような、心理的にショックな経験をすると「ためこみ症」の発症リスクが高まる。九州大学の中尾教授がためこみ症の患者約40人の症例を詳しく分析すると、半数以上に「きっかけとなる体験」があることがわかった。

「子供時代なら虐待やいじめ、親の離婚などという生活上の体験、そのほか外傷、トラウマ、成人すれば親との死別、失業、自身の離婚などもあるでしょう。物のためこみが始まるのは10代20代がほとんどで、親しい人の別離後などで悪化する例が多い」

いろいろな形で失ってしまった喪失体験を代償的に埋め合わせる行為として物や動物をためこむという。物だけでなく、「動物のためこみ」も合併しやすい。

新型コロナウイルスの感染拡大で在宅時間が延び、２０２０年は犬や猫を飼う人が増えた。ペットフード協会の調査によると、新たに飼われた犬は前年比14％増、猫も16％

増という。ペットに癒しを求めて飼ったものの面倒をみきれず飼育を放棄したり、数多く飼いすぎて適切に管理できない状態（多頭飼育崩壊）に陥ったりする事例も出ている。多頭飼育崩壊は、動物のためこみともいえる状況だろう。

私が片付けに携わったゴミ屋敷の現場でも、野良猫や野良犬を「飼っている」と主張し、不衛生さが増している家がいくつかあった。

「幼少期に、アンハッピーな不安定な家庭環境で育ったため、自分の心の中で満たされないものを動物に求めていると考えられています。ためこみ症の方の多頭飼いは、糞尿の処理などができておらず、動物虐待という面があるのですが、自分たちは〝世話をしてあげている〟と思っている。一方通行の愛着関係なんです」（五十嵐教授）

室内にゴミがたまるかどうかは、幼少期の家庭環境や親の価値観も影響する。例えば子供時代に、「もったいないから捨ててはいけません」と言い聞かされて育った、逆にチリ一つ落ちていない潔癖主義で、緊迫感のある家で育った人が、多少散らかっている祖父母や友人の家のほうが安堵した経験も影響を与える。後者の場合、成人後に「片付けない方向に進む」可能性があるという。

心の空白を埋めたり、緊張感のある環境からの逃亡だったり、ゴミとの付き合いは、生きてきた道のりの〝反動〟という側面もあるのかもしれない。

3　片付けられない個々の事情

自力で運べない高齢者

「物を所有している」ことを忘れてしまう人もいる。認知症患者だ。物の存在を忘れ、何かあった時のために、または物が足りなくなるかもしれない、という思いから、ためこみ行動が起きやすい。団塊の世代（1947～49年生まれ）が75歳以上となる2025年には認知症患者が700万人を突破するとも推計されるといわれるため、今後ゴミ屋敷は増加していくだろう。また認知症でなくても、若い頃のベースにあったためこみ症が長期間かけてゆるやかに進行し、60代70代になって家中に物があふれるという道をたどる人もいる。

さらに社会の高齢化に伴ってゴミの分類やゴミ出しが困難な住民が増えてきている。環境省の調査では「今後、高齢化によりゴミ出しが困難な住民が増える」とした自治体が87・1％。自治体によってはゴミ出しの支援やゴミ回収に合わせた高齢者への声かけを実施している。例えば横浜市では、ゴミ出しが困難な高齢者宅の敷地内や玄関先などから、市の担当者がゴミを直接収集する支援「ふれあい収集」を行っている。収集時にゴミが出ていない時は希望者に声かけをし、安否確認も行う。静岡県伊東市でも身近にゴミ出しを手伝ってくれる親族がおらず、世帯全員が要介護2～5の認定を受けている場合、同様に支援を行っている。千葉県我孫子市や福岡県大木町では、自治体が業者やシルバー人材センターに委託し、希望者のゴミ収集や声かけを行う。

高齢者が無理に一人でゴミ出しをしようとすれば怪我や転倒の恐れがある。かといってゴミ出しをしないと、家の中にゴミがたまっていく。「あんしんネット」で引き受けた作業の中でも、足腰の具合が悪く運ぶのが大変でこんなにたまってしまったという高齢者がいた。高齢の家族が遠方にいる場合は、住まいの自治体にそのようなサービスがあるかを調べ、なければ民間の業者を見つけておくと安心だろう。要介護認定を受けているなら、ヘルパーさんなどに相談するといい。

発達障害の患者も難しい

発達障害の一種、「注意欠如・多動症」（ADHD）の患者も、家がゴミ屋敷になりやすく第三者のサポートを必要としている。ほとんどの文化圏でＡＤＨＤにかかっている子供の割合は５％、成人の割合は２・５％程度といわれる。主な症状は注意が足りない（不注意）こと。発達障害に詳しい精神科医の仮屋氏は「学校でさまざまな問題を引き起こす」と話す。

「鉛筆や消しゴムなどの文房具を忘れる、宿題を忘れる、財布や時計、家の鍵、携帯電話、メガネ、重要な書類などを忘れてどこに置いたのかわからなくなってしまうといった感じです。忘れ物を注意されても修正ができないので、学校では怒られてばかり。興味のあること以外は集中できないので授業中にぼうっとしているように見えたり、時間が守れずいつも遅刻したりします。大人の場合も、遅刻や仕事の締め切りや約束を守れないといった問題が生じます」

段取りが悪く、優先順位がつけられないため、作業がすべて中途半端になってしまい、資料や書類、ファイルを整理してまとめられないといった問題も起きやすい。大事な物と不要な物の区別ができないのだ。

「学校では机の中が整理できず、家でも物が捨てられなくて部屋に物があふれています。生ゴミと書類が同列に置いてある部屋になっていることも多いんですよ。物理的にも片

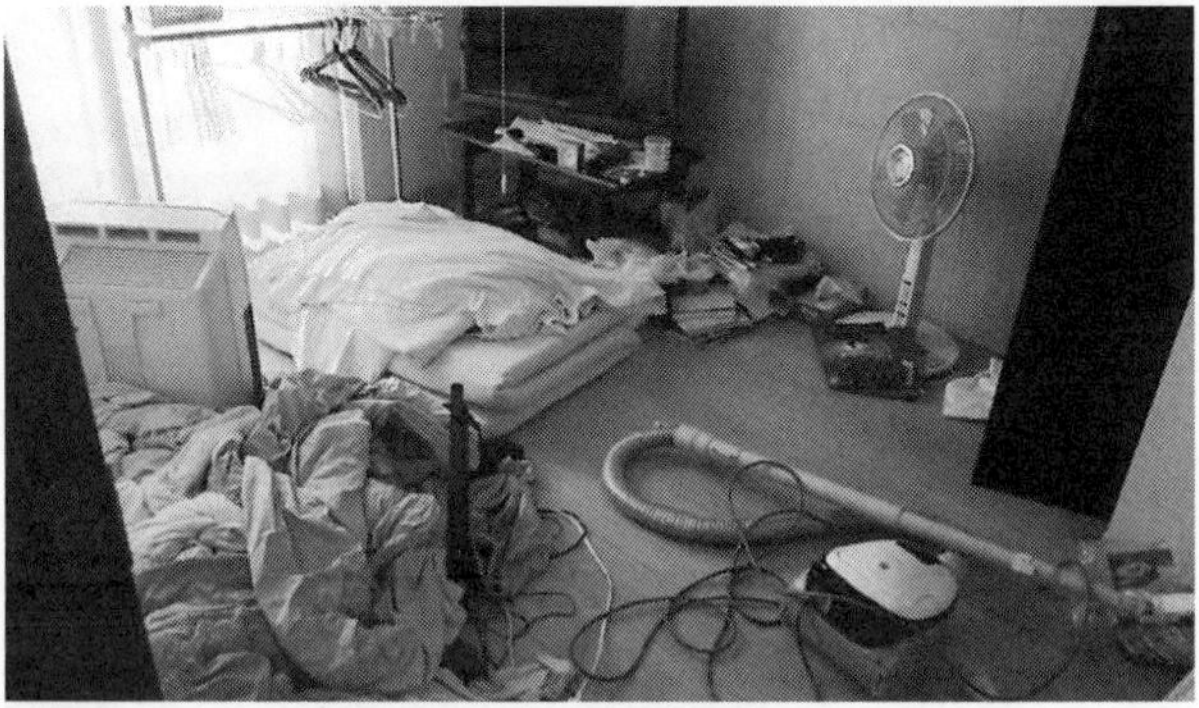

ADHDの人によくある部屋の例（仮屋医師提供）

付けられないし、頭の中もごちゃごちゃしていて整理ができない。パソコンのデスクトップにフォルダをいっぱい置いてある場合があるでしょう。思考がああいう状態になっているから、一生懸命探さないとどこに物があるかわからないんです」

きれいな部屋に住むＡＤＨＤの人は非常に少ないのだという。仮屋医師にＡＤＨＤの人のよくある部屋の写真を見せてもらった。たしかに物があふれているが、私がよく目にするようなゴミ屋敷とはまた違う雰囲気だった。

一つの物へのこだわり

「物をためこんでしまう」のと「整理整頓が苦手」は異なる。

ＡＤＨＤの人は後者の方向性が強い。

同じ容器がきれいに積み重ねられている

ＡＤＨＤで、13歳の男の子を例に挙げよう。

その男の子は食後に服薬の必要があった。親が「食べたら飲みなさい」と伝え、食事と一緒に目の前に薬を用意する。しかしそれが目に入らない。本人の関心があるところにしか視点がいかないのだ。仮屋医師が「息子さんにできることをさせてほしい」と伝えているため、両親は本人の部屋に入らないが、そうなると自室は乱雑になっていく。男の子は大のゲーム好きで、ゲーム関係はきれいに揃えている。だが、それ以外の勉強道具などはごっちゃになってしまうという。有名進学校に通っているというから、一般的な知能レベルが低いわけではない。

私が片付けた孤独死現場でも、家全体はゴミ屋敷なのに、一部分が異様なほどまでに整理されていたことがあった。同じ商品の豆腐やヨーグルトの空カップがきれいに洗われ、種類別に何十個とそれが積み重ねられていたり、スーツを購入した際の空き箱に「ボタン」「ネクタイ」「端切れ」などのラベルが貼られ、その通りに押し入れに収納されていたり。

「こだわりです」と、仮屋医師は言う。

「一つのものにこだわったら、それを10年でも20年でも食べるし、使い続けるというのはある。よくADHDの患者さんに説明するのは、自分がこういう障害だとわかったら、自分の特性を知りましょう、と。診察でいろいろなテストを行い、患者さんの良いところ、悪いところを話します」

4　暮らしを維持するために

薬は自転車の補助輪のようなもの

ゴミ屋敷の現場ではお酒の空き瓶が落ちていることがしばしばある。そのため、アルコール依存症とゴミ屋敷に関連があるのではないかと私は感じていた。

実は、アルコール依存症をはじめ、タバコやギャンブルなどの「依存症」のベースには発達障害が潜んでいることが少なくない。仮屋医師によると、相互に影響してゴミ部屋に陥りやすいという。

「ADHDの人はうまく頭が整理できない、物が片付けられないと述べました。アルコールが入ると、それが増幅されます。またアルコール依存症は40～50代で陥りやすい精神疾患ですが、ADHDの人は20代でも多く、さまざまな問題が悪化、長期化しやすいでしょう」

治療には過集中や衝動性を抑える薬物治療が有効だ。子供、大人の患者ともにアトモキセチン（商品名ストラテラ）、メチルフェニデート（商品名コンサータ）、グアンファシン（商品名インチュニブ）が使用される。

「本人の特性で悪いところを解決するために薬がある、と患者さんには説明します。服薬によって普通の思考ができるようになっていきますが、薬は自転車の〝補助輪〟のようなもの。病が治るというより、補助輪がなくても走れるようになれば薬はいりません。ADHDは一つの例ですが、つまりゴミ屋敷は単純に物をためこむケースばかりでなく、むしろそれ以外のなんらかの問題を抱えている人のほうが多いのではないでしょうか」

今の家に人を呼べるか

なぜゴミ部屋なのかという客観的判断、場合によっては医学的診断が必要になる。整理すると、これまで紹介したようなためこみ症以外の精神疾患、ＡＤＨＤやうつ病、認知症、統合失調症などの「症状の一つ」としてためこみ行動が起きている場合は、それぞれの病の治療が優先される。中尾教授も力を込めて言う。

「認知症であれば認知機能そのものが落ちて、物を所有していることを忘れているため、単なる整理整頓とは違うアプローチが必要でしょう。統合失調症の人は、幻覚や妄想から〝処分すると大変なことになる〟といった思い込みがためこみ行動につながっているので、統合失調症の治療が必須。うつ病も、エネルギーや気力が低下して物を捨てられなくなっている可能性が高いので、まずはうつ病の治療からになります」

ためこみ症の危険信号は、

「浴室やトイレ、家具など生活に必要な設備が物であふれて使えなくなること。〝今の家に人を呼べるかどうか〟も判断材料になるでしょう。足の踏み場がないから恥ずかしくて呼べないという場合は、重症に差し掛かっています。軽い症状では、ソファやテーブルに服や紙類が山積みになって使えない状態が、5～10年続いていること。当たり前のことですが、あるべきところにあるべきものを置く。そのためのベースを誰かと作っていけるといいですね」

もしあなたが片付けが苦手なら、その短所、苦手な部分を補ってくれる人はいるだろうか。

ゴミの処分に業者を呼んだ医師

心療内科医でジャズ歌手の海原純子氏は、2年ほど前、ゴミ屋敷を片付ける業者に自宅の不用品を処分してもらったという。だが海原氏の自宅はいわゆる〝ゴミ屋敷〟ではない。

「有機物と無機物の分類はしっかりしているんです。食べもののような腐敗するものは有機物のゴミで、それはすぐ片付ける。でも〝紙系〟の本や書類、衣類などの無機物は部屋に収まりきらないほど大量にありました。2年前、主人が入院し、いいチャンスと思って。昔のクリスマスの飾り付けのライトとか乗らない車のチェーンとか、家の中の使わないものを業者に頼んで処分しようと思いました。家に誰かがいると片付かないし、主人に聞けば『まだいる』と言われたりするから。家の不用品と、それに自分が持っていた大量の本や書類をトラック何台分処分という形で契約して、捨ててもらったんです」

私もそうだが仕事関係の書類や本となると、なかなか〝踏ん切り〟がつかないもの。だが海原氏は、「必要なものだけ取り出し、あとは見ない」ことにしたと言う。

「以前は大学の研究室に置いておける物もあったのですが、家に保管しなくてはいけなくなって、かといって家が広くなる予定はない。もう限界だったんです。〝飾り〟で置いといてもしょうがないですしね。自分が書いた本も、1冊だけ手元に残して、あとは全部処分しました」

室内がすごくスッキリした、と笑う。

「業者の人は、本当になんでも処分してくれるんだって安心もしました。だからもし自分が急に死んでも、この人たちに任せればいいやって」

海原氏は、自身が発達障害に当てはまるかもと苦笑するが、それはその人間の特性であり、病気というジャンルに入れることに疑問を呈する。

「整理整頓ができない自分」だからいい

例えば料理を作る時。片付けながらやる人もいれば、刻みながら食べながら作り、すべてが終わってから片付ける人もいる。海原氏は作りながらいろいろ考えるのが好きなのだという。頭の中がきれいに〝縦割り〟で「ファイル形式」になっていると、生み出されないものがある気がする、とつぶやく。

机の上もいつもぐちゃぐちゃなのだそうだ。

「今やらないといけない、というものを大事にしているんです。何かに取り組んでいて、そのまま次のテーマに突入すると、その上に資料を積み重ねて入りこんでしまう。机の上に資料がどっさり、パソコン上ではタブがたくさん開いている、ということもしょっちゅう。だから年度末に今年度の研究業績の一覧を提出してくださいなんて言われると大変。一つの仕事が終わるたびにリストに記す、なんてことをしないから。でも、それがスタイルでいいんじゃないでしょうか」

発達障害の子供を持つ親が「散らかしっぱなしで困る」と悩むことが多いが、片付けのスパンを長くしてはどうだろう。一つの遊びが終わって次にいく前に「片付けの時間」を設けるのではなく、1日の終わり、寝る前に片付けるのだ。〝刻む時間〟は人によって違うと考えると、誰かと暮らす心持ちが少しラクになるように感じる。

「そう、みんなが自分主体の時間を過ごせばいいんです。洋服を片付ける際も、季節ごとではなく、ある年代が終わったら捨てるとか。今回私が本を処分できたのも、本を書く時代は終わったというスパンがあったのかもしれません。片付けられない人は、自分の物に対するスパンがどれくらいで、どこで片付ければ人に迷惑をかけずに、室内が物であふれないか、ということがわかるといいですね」

海原氏の話を聞きながら改めて思う。ゴミを室内にためてしまう人は、発達障害の人が何かにすごく集中してしまうように、〝極端な人〟なのだ。極端に何かを好きだったり、極端に何かにこだわったりしてしまう。何かに秀でている可能性はあるが、そのかわり何かが欠如している。日本では列からはみでるな、右にならえという風潮があり、「平均的にバランスのとれた人」が好まれやすいから、部屋を物でいっぱいにしてしまう人は暮らしにくい世界だと思う。

次章では、作業員がゴミ部屋を片付けた様子を紹介する。

ゴミ屋敷で亡くなった人はもう助けられないが、現在進行中でゴミ部屋に住む人なら、その人が〝生きる道〟につなげられる可能性がある。身近にゴミ部屋に住む人がいるなら、作業員の介入の仕方、ゴミ部屋住人の反応、そして彼らを取り巻く人たちの思いが参考になるだろう。

第3章　ゴミ部屋に住む人とともに

一般的に、亡くなった人（故人）の持ち物の整理を行うことを「遺品整理」、元気な時に将来の自分のために整理を行うことを「生前整理」という。本章では、今、ゴミ部屋に住む人からの生前整理の依頼をレポートする。彼らが整理業者に片付けを依頼するなら、それはどんな理由からなのか。そして実際に業者が入ると、ゴミ部屋の住人はどんな反応をするのだろう。

1　このままでは住めなくなる！

50代公務員男性からの依頼

ゴミ屋敷に陥るパターンとして「死別」や「失業」「離婚」などがきっかけになることがあると、前章でふれた。九州大学病院精神科の中尾智博教授によると、「もともと物をためこむ状態にあり、それが喪失体験をきっかけにさらなる物の執着を生み出す」ということだ。

それにぴたりと一致するケースがあった。

東京都内の戸建てに住む50代公務員男性からの依頼である。同居していた親が、１年前に亡くなり、もともと片付けられない傾向のあった男性宅がさらにゴミ屋敷化していったという。

依頼内容は、家の中の物を「全部片付ける」ではなく、「エアコン設置のための動線を確保してほしい」というもの。あんしんネットの石見良教さんは、長年の経験からこのままこの家に住み続ければ「絶対に死ぬ」と、太鼓判を押す。

作業日は８月のお盆を過ぎたあたりの頃に行われた。男性はその時までエアコンなしのゴミまみれの中で生活していたのだ。

約束していた午前10時、男性宅の玄関の呼び鈴を押すが応答はない。本日の作業はチーフの友部雄人さんと、岩谷史哉さん、私の３人。友部さんはため息をつきながら家のまわりをぐるぐるまわる。私たちが玄関ドアや窓を軽く叩《たた》いても、中で人が動いている気配がなかった。ポストには大量の新聞が詰まっている。

30分ほど経過した頃だろうか、２階の開けっ放しの窓からかすかな物音がした。

「起きたのかもしれない」

友部さんが素早く玄関の呼び鈴を押すと、しばらくしてガラガラと戸が開けられた。

玄関に足を一歩踏み入れた時、よくこれで生きていられるな、と感じた。家主の男性に「土足で家の中に入らせてもらっていいか」と聞くと、あっさり了承。初対面の人にそれを躊躇なく尋ねられるほど汚いのだ。玄関や廊下には数多くのゴキブリの死骸があった。どれもこれもぺちゃんこにつぶれている。踏みつけたのか、殺虫剤をまいたのかはわからない。なぜ死骸を放置しているのだろう。

エアコンを設置するのは2階にある、男性の主な居住空間。私たちは3人で玄関から続く廊下、階段、2階の廊下、その居住空間（エアコン設置場所）を片付けるのがノルマだ。「捨てるもの」「生ゴミなどの処理困難物」、そして男性が大切にしている「書類系」の3つのゾーンをつくり、段ボールや90リットルのゴミ袋にどんどん仕分けしていく。

「これ、何かの癖なんですかね」

階段のすみでこっそりと、岩谷さんが私にスーパーのビニール袋の中を見せてくれた。そこにはペットボトルや使い捨ての弁当箱の容器など、プラスチック製のものやそのラベルが4センチ四方に切り刻まれて詰まっていた。室内を見渡すと、そういったビニールや破片が無数にある。

ミミズのような虫が数千匹

さらに、主な居住空間である2階の1室は常軌を逸していた。

当初、「エアコン設置のための動線を確保してほしい」という男性の依頼内容の意味がわからなかったが、実際の現場を見て納得した。たしかにこれではエアコン設置の業者がきても、どこに足を置いたらいいかわからない。エアコンを設置する予定の場所の下には、男性のベッドがあるが、その上も周辺も、床面は全く見えないほどさまざまなゴミであふれていた。緑色のカビが生えた食品があちこちに見える。ベッドの上で猫に餌をあげているらしく、大量のキャットフードがばらまかれている。男性は「飼い猫」と主張するが、どうやら2階の窓を開けて近所の「野良猫」を出入りさせているらしい。腐った生ゴミと、動物臭が入り混じった臭いが鼻をつき、次第に気分が悪くなった。

中尾教授の言葉を思い出した。

「ペットを室内で多く飼っていても、世話や衛生管理ができていればためこみ症とはいえません。けれども犬や猫を多く飼っているのに、餌をやりっぱなしで糞尿の処理をせず、室内が極めて不衛生で悪臭を放っているような場合は、ペットのためこみ症の可能性があります」

不衛生、なんてものではない。足元には2センチ程度のミミズのような虫が何百匹、いや1室でいうと、もはや何千匹のレベルで生息していた。何かの物を動かすたびに、その虫を目にする。もちろんベッドの上にもいる。男性は、毎晩ここで裸で眠っているのだ。信じられない思いだった。

岩谷さんとともにベッドの上に土足であがり、ひたすらちりとりで虫をすくって床に落とした。その時、彼の背中をその虫が這っているのが目に入った。私は思いっきり岩谷さんの背中を叩いた。すぐに私が叩いた意味がわかったようで、彼は苦笑いする。つぶれた虫を見ているだけで、こちらの背中やズボンの中までかゆくなってきた。実際にダニなどは作業着の中に入りこんでいただろうと思う。

できる限り虫を床にまとめたところで、窓を全開にして一気に殺虫剤をかけた。スプレーした直後はジタバタした虫が、やがて静かになっていく。

時間にすれば2時間半の作業だが、私には永遠のように長く感じた。

友部さんが家主の男性に「作業終了」の報告をする。エアコン設置のスペースができたことを確認してもらい、皆で階段を降りると、隙間から見える1階の部屋にあるゴミ山がすさまじかった。台所やリビングもひざ下くらいの位置までゴミがたまっている。それなのに、部屋の片隅で洗濯機がまわっているのが何とも滑稽《こっけい》だった。

「全部きれいにしたほうがいいですよ」

と、友部さんが声をかけると、男性はこくりとうなずく。だが、しばらくして、

「でも……せっかく集めたんですけどねぇ」

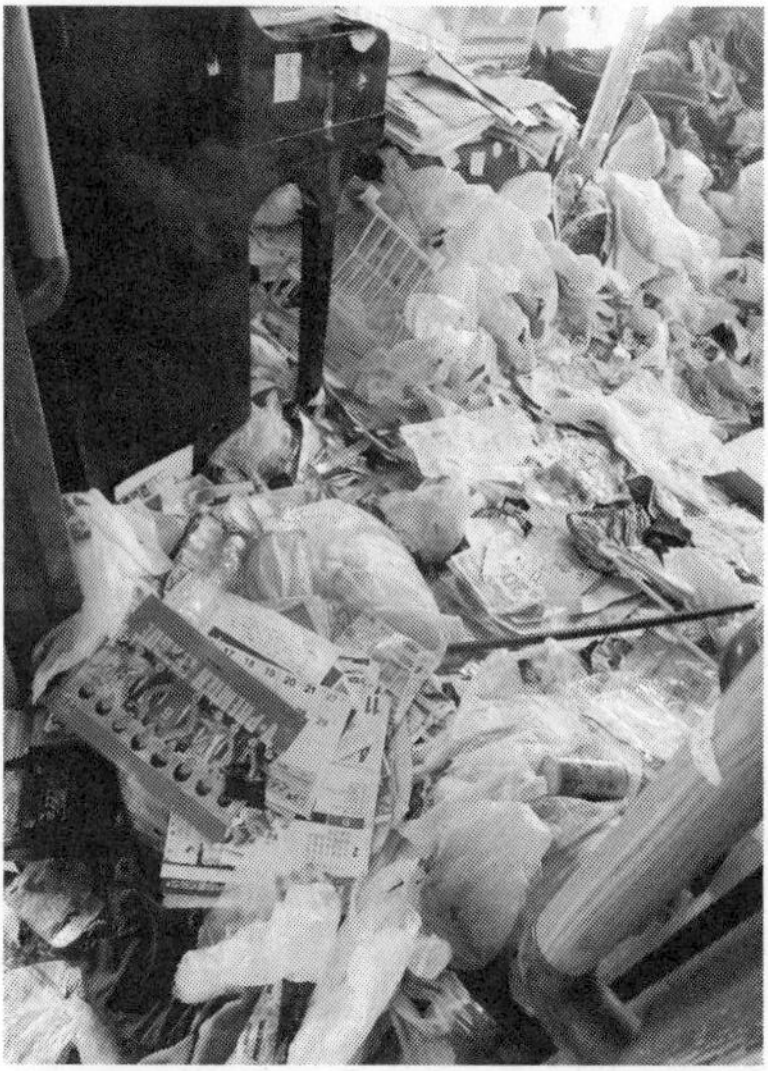

帰り際に見えた１階の部屋。ひざ下くらいまでゴミで埋まっている

第三者にはゴミにしか見えないものを、男性は「集めた」と、言ったのだった。エアコンが設置され、冬になる頃には再びこの空間は元に戻るだろうことが容易に想像できた。

「片付けなければ契約を更新しない」

前述した男性は持ち家だが、賃

貸でゴミ部屋が大家に見つかり、泣く泣く片付けた人がいた。

２０２１年３月末のこと。大家に「片付けなければ契約を更新はしない」、つまり「退去」を命じられた40代男性の室内片付けの依頼が入った。糖尿病が悪化して腎臓病を発症し、透析治療を受けているという。さらには視力も失ったため、室内に大量の本があるが、自分で片付けるのは難しいとのこと。

鉄筋コンクリートマンション最上階である３階に、その男性の部屋はあった。外からその部屋を見上げると、窓が物で埋まっている。整理業者は、このように「窓が物で埋まっている」、その埋まり方で室内の様子が想像できるのだという。

呼び鈴を押すと、肩幅のしっかりした１７０センチ程度の男性が戸を開けた。ゴミ部屋に住んでいるというような〝不潔な印象〟は全くなかった。髪をゆるやかに一つに束ね、欧米の人が好みそうな洒落《しゃれ》たベストを羽織っている。たしかに何も見えていない様子であらぬほうを見ているが、口もとは笑みをたたえていた。

「どうも。よろしくお願いします。本がたくさんあるんですよ」

玄関から続く廊下にはずらりと本が並んでいた。１列70～80冊のコミックや文庫本が積みあげられ、それが80列程度、つまり廊下だけで５０００冊を超える本の量だった。

この日の現場チーフである溝上大輔さんは依頼人の男性に挨拶したあと、こちらに向き直って言った。

「とにかくバケツリレーで本を外に出す」

作業員は私を含めて５人。玄関と廊下は狭いので、溝上さん、私、もう一人の作業員の３人で本を段ボールに詰め、それを廊下に待機している作業員に渡していく。マンションにエレベーターはなく、１階に待機しているトラックまで、階段を使うしかない。だから次第に〝運ぶ係〟の人が追いつかなくなった。私も重たい段ボールを抱えて、階段をくだる。階段の途中で、荷物を置いて再び階段をのぼってくる作業員に出会うと、その人は「もらいます」と、段ボールを受け取ってくれた。私も「ありがとうございます」と手渡す。しかしそれを何回、何十回と繰り返すうちに、額に汗がにじみ、太ももが上がらなくなり、ハアハアと息が上がって、お互いに言葉が出なくなった。

どこまでいっても本・本・本。今、この原稿に５０００冊と文字にするのは簡単だが、それを運ぶのは心底キツイのである。午前10時半から作業を開始して、１時間経たないうちに皆の顔に疲労の色がにじみ、一旦休憩となった。

「夏でもないのに」

そう言って、アルバイトの作業員がビニール手袋を外すと、そこからビシャーと音をたてて汗が落ちた。まだコートが必要なほど肌寒い日だったが誰もが汗だくである。私も自分の頬を汗がつたったのがわかった。

「カバーがかかっているものもたくさんあるし、古本屋さんに引き取ってもらったほうがいいのではないでしょうか」

休憩中、私がそう話しかけると、溝上さんは首を横に振った。

「古い本だから、シミとかできてるでしょう。これじゃあ売っても1冊1円とか10円レベルですよ」

「それでも（あんしんネットがやるより）お金はかからないんじゃ……」と私が言いかけると、

「それはこちらも説明したけれど、もう視力を失ってそういった業者を探すのが大変みたいで。うちはどうやって知ったか？　行政の紹介みたいですよ。あと本のほかにもケージとか、引き取ってほしいものがあるみたいで、まとめてお願いしたいと言っていました」

片付けを手伝ってくれる親族や友人はいないようだった。

廊下の本を運び出した後は、廊下のつきあたりにあるトイレに置かれた数百冊の本を処分してほしいとのこと。さらにそのつきあたりから右に折れたところにリビング、奥にもう1部屋と二つの部屋があるのだが、そこの「いらない本」を処分してほしいということだった。

「さすがにプロは早いなあ……」

2時間経たない間に廊下とトイレの作業を終えたことで、依頼主の男性が感嘆の声でつぶやいた。すると女性作業員が「捨てるものと捨てないものが分かれているからですよ」と答える。たしかにその通りだ。

よくあるゴミ部屋のようにすべてが〝一緒くた〟になっていて、全処分ではない。室内で「現在の生活必需品」があるスペース、「いらない本のスペース」を分けてあるため、作業はやりやすかった。

数千冊のエロ本

だが、いらないスペースの中にも、時折作業員が迷うものがある。トースターなどの電気製品や、梱包された段ボールを見て、あるアルバイトの作業員がいつものように

「これはいりますか?」と尋ねた。あとから聞くところによると、男性が失明していることを知らなかったらしい。

「なんですか?」

と逆にこちらに尋ねる男性に対し、私はその男性の手の甲に「要不要」を尋ねる物をそっとあてていくことにした。男性は手の甲に物があたると、自分の手で触ってその物を確かめていた。

「これは……あぁいります」「捨てちゃってください」

一つひとつ、わりとすぐに返答をもらえた。「捨てる」という意思決定はできる人なのだ。室内には物があふれているが、この作業を誰か一緒にやってあげると、この部屋はきっと再生できるに違いない。

台所(水まわり)は相当な物が積まれ、ぱっと見はその機能を果たしていなかった。洗った皿を置く「水切り」「まな板」に食器類や何本もの包丁、大量の人参、つゆの素など特定の食品類がいくつも、そして水まわりの前にはさば缶や袋づめされた物が山積みされている。

物と物のわずかな隙間に立って腰をかがめて食器を洗う男性の姿を目にした。目をつ

台所まわり。物が山積みになっているだけでなく、シンク自体もかなり汚れている

ぶって皿を洗う。想像しただけで難しい。男性も、感覚で洗っているようだった。そのため周囲を汚してしまうのだろう。台所周辺には茶色いしみが広がり、黒カビがいたるところに生えていた。ガスコンロも黒々している。不衛生きわまりない。

台所と同じ空間にあるリビングの真ん中には段ボールがいくつも積まれ、その裏側にある本を処分してほしいとのことだった。

人が一人、何とか入れる狭い空間だ。私は体を横にして膝をかがめ、右手でつかめるだけ本をつかみ、私の左隣にいる作業員に本を手渡した。手渡す時、その本の表紙が女性の裸であることに気づいた。次も、その次も、そのまた次も、すべて〝しばられた裸の女性〟が表紙を飾っている。狭い空間に敷き詰められ、積まれていた本がすべてエロ本といってもいい。数にすれば、数千冊にはなるだろう。

作業後、あんしんネットの石見さんに「人生でこんなにたくさんのエロ本を見たのは初めてです」とメールを送ると、「男性のゴミ部屋には多くのエロ本が存在しますね。しばる系のものもよくあります」という返信。

上越教育大学大学院心理臨床コースの五十嵐透子教授に、しばる系のエロ本が多い心理について尋ねてみた。

「ゴミ部屋というのは物に振り回されている状態ですが、居住者の思いとしては、物をコントロールしたい、支配したいという思いが関連しているかもしれません」

それにしてもこれほど大量の本を集める所有欲に圧倒される。

作業の合間に私は男性に尋ねた。

「いつから本をためていたんですか?」

「30年くらい前からですかね」

と、男性。やはりゴミ部屋化するのにはそれほどまでの年月がかかるのだ。

「こんなに本があってすごいですが、引っ越しが大変ですね」

と続けて言うと、「給料のほとんどを本につぎこんだから」と、男性がやや照れたような笑みを浮かべた。穏やかで爽《さわ》やかな笑顔で、決して引きこもっていた感じではない。社会で活躍していた期間が長いのだろうと感じた。

思い出もなくなってしまう

「もちろん以前はこんなにありませんでしたよ。もうこの家に住んで20年になりますからね……。３年前に失明するまで、本を買い続けていたんです。でも、今はもう……」

私は同情を込めてうなずいたが、よく考えればそれは視力を失った男性には見えない。その時、現場チーフの溝上さんが男性に声をかけた。

「あとはケージと扇風機ですよね」

１万冊は超えるであろう本にプラスして、動物を飼育するケージ４つと、扇風機１台を運び出す契約だったらしい。

「（ケージで）何を飼っていたんですか？」

「フェレットです」

それまでの会話で多少は私に気を許してくれたのか、男性が自ら笑顔で話してくれた。飼っていた時のこと、目が見えなくなって人に譲ったこと、でも譲った人は想像以上に飼育に苦労しているらしいこと……。

「いつ頃、譲られたんですか？」

「もう何年も前ですよ」

驚いた。ケージの中には、つい先ほどまでフェレットがいたように、フンやたくさんの餌や水が残っていて、近くまでいけば異臭を放つ。溝上さんはじめ作業員は顔をしかめながら、ビニール手袋をつけてそれを解体し、外に運び出している。

「片付けよう、片付けようと思っていたんですよ」

私の驚きを察知したように男性がつぶやいた。

「でも、このケージがなくなったら、もう思い出もなくなってしまうように感じて。だからこんなに時間が経ってしまった」

視力を失った男性の目が、赤く充血し、そこに涙が浮かんでいた。

事前に取り決めした物をすべてトラックに運んだあと、溝上さんが「一応、すべて運びましたが、念のため一緒に確認してもらえますか？」と言う。普通なら、目で見て次々に確認となるが、この男性の場合はそうはいかない。これまでつかまってきたと思われる「本の山」がなくなり、室内で歩きにくそうだ。壁づたいに歩き、物があったスペースの空を手でかきながら、「すっきりしたなあ」と笑顔を見せる。でも実際には窓は物でうまっているし、台所も、そして浴槽もとても機能していない。トイレの便器のまわりは、おそらく便だろう、茶色のものがこびりついていて、悪臭を放っていた。

「ほかに何かあれば言ってください」

溝上さんが言っても、男性は「大丈夫です」と言う。私はこっそり、「大家さん、片付いていないと契約を更新しないんですよね？」と男性に尋ねてみたが、「まだこれから自分で片付けますから」と繰り返す。

週に3回、透析を受けているようだが男性の顔色は悪くない。しかし、まだ靴下を履かないと寒いと思われる時期に裸足で、その足は紫色がかってむくんでいた。腎臓の機能が低下しているのだろう。以前、終末期の訪問診療に取材同行した際によく見かけた足だ。この状態で、しかも目が見えず、どうやって自分で片付けるのだろう。

「本日の支払いは、19万4０００円になります」

溝上さんが告げ、男性は封筒からお金を出して枚数を数えるが、それさえもスムーズにはできない。

「またこの部分の片付けが必要とあれば声をかけてください」

作業員一同、頭を下げ、玄関のドアを閉める。

でも私は心配だった。トイレは不衛生なまま、脱衣所には洋服などが私の目線まで積み上がり、浴室も機能しているとは思えない。

「よく床が抜けなかったなあ」

アルバイト作業員が言った言葉が心に残った。私がこの仕事でできたことは、依頼人の「生活再建」ではなく、下の階に住む人の「安全確保」だったと思う。

2　周囲の強制撤去

ゴミ部屋を管理する大家

「昨日、あの人が鍵を持って『お世話になりました』って来たのよ。それで『このゴミ部屋を片付ける費用を誰が払うの？』って言ってやったのよ」

大家が涙目になりながら、私にそう話してくれた。あんしんネットの作業員として片付けた中で、唯一、ゴミ部屋を管理する大家に直接話を聞けたケースである。

ここは駅から徒歩5分、高級住宅街にある3階建ての鉄筋コンクリートマンションだ。1フロアに2室あり、問題の部屋は1階の1DKで、69歳の女性が一人で暮らしていたという。40年前にこのマンションが建ち、35年ほど前からその女性は住んでいたというから、居住者は30代からずっとここに一人で暮らしていたということになる。

大家は80代女性で、そのマンションの隣に戸建てを構えていた。

「最初はお勤めしていたし、月額8万円の家賃も、毎月きっちりお支払いしてくれていたのよ。それが令和になった頃から、全く支払わなくなって……。私は自分で家賃を払ってほしいという趣旨のお手紙を書いて、玄関ドアにはさんでおいたの。そうするとしばらくして、ポストに5万とか3万とか入っていることもあったわ。でもこの頃はまるっきり入らなくなって。どうも勤めていた会社が倒産してしまったらしいのよ。歳だから雇ってくれるところもないんでしょう。それで私もだんだん期待しなくなって、もう（家賃督促の）手紙を入れるのさえやめてしまったの」

ところが今年1月2日の夜、正月早々に、その女性が1階の共有廊下、自分の部屋の玄関近くに座り込んでいたという。

「たまたま見かけたので『どうしたの？』って声をかけたら、『大丈夫ですから』と言うので、私もまた自宅に戻ったの」

しかしそれから4日後、今度は朝の6時半頃に外から「うー、うー」といううなり声が聞こえた。

「外を見たら、またあの人が今度は横になっているじゃない。これは大変だと思って救急車を呼んだの。救急隊はその人を連れていって、警察や役所の人がたくさん来て、でも私に聞くだけ聞いたら、どの病院に運んだのかさえ教えてくれない。『たとえ大家さんでも個人情報ですから』って言うのよ」

大家はそこで初めて、女性の部屋の中を見た。天井に迫るほどの勢いでぱんぱんにゴミが詰まっており、仰天したという。ベランダ側から見ればやはり窓がゴミで埋まっているのだが、ゴミ部屋を見たことがない人は、中の状態にまで思いが至らないことが多い。

「片付ける費用を誰が払うの？」

1週間ほどして女性が病院から退院すると、大家は弁護士に間に入ってもらい、女性に退去願いを出した。しかし両親はすでに亡くなっており、彼女に行くところはない。あらゆる手を尽くして探すと、女性に娘がいることがわかり、引き取ってもらうことになった。

今年3月、鍵を返しに来た女性に「このゴミ部屋を片付ける費用を誰が払うの？」と大家が詰め寄ると、「いずれ、少しずつ」とか細い声で答えたという。そうはいっても、2年間家賃を払っていない人が、この作業代を支払えるわけがない。あんしんネットの石見さんが事前に見積もると、1回の作業で2トンロングトラック分のゴミを搬出したとして、作業は4、5日かかり、1日あたり30万円程度の費用が発生するという。

「何とか200万円以内に収めたいという感じです。大家さんにしてみればこのあとのリフォーム代も負担しなければいけないので、私も久々に気が重い現場です」

珍しく、いや初めて石見さんが「気が重い」という言葉を口にした。何の罪もない、80代後半の人の良い大家が大金を支払わなければならないことが、つらいのだろう。

私は初日の作業に参加させてもらった。

部屋に入る入り口は「玄関」と「ベランダ」側の2箇所。ベランダ側のすぐそばにトラックがつけられたので、ベランダから搬出すれば効率がいい。

「開けてみて」

石見さんが言い、アルバイト作業員が窓を開けたが、物が詰まりすぎていて、外側から少し中の物を引っ張ったくらいではピクリとも動かない。石見さんが苦笑いしながら「もういい。何とか（窓を）閉めて」と言う。

それでは玄関からということになるが、玄関もまたパンパンに物が詰まっている。1DKの室内の空間全体を段ボールに例えると、段ボールに限界まで物を詰めて無理やりガムテープで閉じたような感じだ。実際に、誰にも侵入してほしくないという思いからだろうか、玄関の扉に沿って赤いボンドを塗っていた形跡があった。

ゴミがカチコチに固まっていて取り出せない。しかも狭い入り口だから最初は人一人くらいしかそこに立てない。ベテラン作業員がビニールの手袋で少しずつ中の物を出す、そしてバケツリレー方式でほかの作業員同士で手渡していく、という作業を繰り返していった。

玄関口でとりわけ多かったのは、「傘」そして「水が入ったペットボトル」だ。傘は40本以上、ペットボトルは引っ越し用の大きな段ボールにその日1日だけで3箱分は出てきた。それも飲みかけのものなのだ。〝水入り〟では捨てられないので、エントランス脇の排水溝にペットボトルの水を捨てていく。

大家は心配そうに見守っていた。

その時、1階の隣の部屋から、男性が出てきた。玄関ドアを開けっ放しで作業するしかないため、通りすがりの人でも中をのぞける。男性は室内を見てぎょっとした表情をした。大家も男性に「すみません。申し訳ない」と頭を下げる。その姿勢に胸が痛んだ。私が隣に住んでいたら最悪だと思うだろう。すぐさま引っ越したい。そして大家の立場として考えても、「なぜ自分が」という思いにかられるだろう。

紫色に染まったティッシュの塊

1時間半程度かかって、やっとのこと玄関スペースのゴミを搬出し、大人二人が中に入れるスペースができた。

石見さんが指示し、あんしんネットの玉城力さんが防護服を着てゴミ山に登り、天井とゴミ山頂上のわずかな隙間に座り、そこからゴミの塊を落とすことになった。ゴミ山の下から〝ゴミをかきだす〟よりも、ゴミ山によじ登って、上からゴミを落としていく形のほうが作業が早いのだ。

防護服を着た社員が、天井とゴミ山の隙間に入って作業する

ゴミ山の上からは紫色に染まったティッシュの塊が落ちてきた。

「なんでしょう?」

そばにいた石見さんにおそるおそる尋ねると、

「あぁ尿だろうね」

やはり……、と思った。ペットボトルに入れられた尿ではなく、巨大なティッシュの塊にしみこんだ尿。どれくらい大きいかというと、直径が「腕の長さ」くらいあるものがほとんどである。ティッシュといわれて思い浮かべる柔らかいものではなく、コチコチに固まっている。

「なんかさ、ゴミに色がないよね」

あるアルバイトの作業員がつぶやいた。

たしかにそうだ。普通はゴミ山に〝層〟がある。底辺にあるものがゴミ部屋の初期で、本や雑誌類があることが多い。そこから年月が経ち、ぬいぐるみだったり、食品だったり、その時期の家主の〝ブーム〟が積み重なってゴミ屋敷になっていく。だがこの女性の部屋はどこまでいっても、どの高さのゴミでも、ティッシュ、ペットボトル、ティッシュ、ペットボトルの繰り返し。それに時々ビニールに入ったどろっとしたものも混じる。便である。処分用段ボールの内側に90リットルのゴミ袋をセットし、二人がかりで慎重に入れていく。

不思議なことに、ここには独特のゴミ屋敷の臭いがなかった。尿や便があり、ゴミが天井近くまで積もれば、強烈な生ゴミ臭さが当然あるものだ。だが漂うのは土っぽいホコリっぽい空気で、人間が生きていたような臭いがない。

この女性はどうやって食事を取っていたのだろう。ほとんど水でしのいでいたのだろうか。その日、私が目にした生ゴミはたった一つ。粒をきれいに食べつくした「とうもろこし」の芯だ。生きることを放棄したような乱雑な空間で、それだけはきれいに人が食べた形跡で、私は凝視してしまった。

お金には困っていたようで、複数の消費者金融や住民税の支払いの督促状が何枚か出てきた。「財産差し押さえ通知」もあった。それを見た石見さんが冗談めかして「差し押さえてほしいな」とつぶやき、皆で笑う。

その後、盗品と思われる財布や他人名義のクレジットカードまで出てきた。これは大家が依頼する弁護士に渡すという。

5時間程度で、2トントラック満タンまでゴミを搬出し、その日の作業は終了となった。

「ご苦労さま」

大家が「みんなでお茶でも」と言って、数千円のお茶代を作業員に手渡す。その優しさにまた胸が痛む。

「災難でしたね」

私が話しかけると、「本当よ。まさか中があんなになっているとはねぇ。もうあの人が入居したのは30年以上前だし、当時仲介してくれた不動産屋はないし……。お金がどれだけかかるんだろう。でもあの人が時々もってくる1万円じゃ追いつかないもの。まいっちゃうわよ」。

大家の目に涙が浮かんでいた。

「厄落としだと思って。きっと何かいいことがありますよ」

心から私はそう願い、口にした。

「ありがとう。涙でちゃうわ」

大家はそう言って、手入れの行き届いたマンションの外壁を見つめていた。

1週間後、3回目の作業を終えて、石見さんが現場の写真をメールで送ってくれた。

「まだまだかかりそう」と記されている。大家が支払うゴミの処分代は200万円を超えるかもしれない。

「災難、災難」

大家が自分に言い聞かせるようにつぶやいていた言葉が耳に残っている。

物を捨てさせない老婆

これまでのケースはいずれも「不要なもの」はスムーズに捨てられた。しかし、大抵の生前整理では、依頼人が物を捨てさせてくれず、その交渉にかなりの時間が費やされる。

ゴミ屋敷の遺品整理は「汚い」「危ない」を乗り越える〝体力勝負〟の仕事なのだが、

反対に依頼人が生きていてゴミ屋敷に住んでいる場合の生前整理は〝メンタル勝負〟、終わりの見えない闘いだ。

「生活保護の受給者である老婆の家を整理してほしい」という依頼がきた。介護ベッドが物で埋まっていて、ヘルパーやケアマネジャーが訪れても本人が快適になるようなケアができないという。また、このまま物をためこみ続けると近隣から苦情がくる可能性がある、という行政の判断もあった。あんしんネット社員の女性作業員と二人、現場に向かった。

アパートのドアを開けると、1DKの部屋中に物があふれていた。食品、書類、洋服……床面は物で埋め尽くされ、窓からの光も積み上がった物が遮っている。玄関近くにかろうじて人一人分くらいの床が見えるスペースがあり、丸椅子《いす》が置かれている。そこに腰かけている老婆が無表情でこちらを見つめていた。

最低目標は、〈介護ベッドの上に乗せられている物を片付け、ベッドを使えるようにする〉ことだ。

玄関に入ると手前に台所、奥に6畳ほどの部屋がある。介護ベッドは奥の部屋の隅に置かれているらしい。〝らしい〟というのは、物が山積みでベッドの姿を見ることができないのだ。

室内にはラジオが流れていた。しかし、それさえも物に埋もれてどこにあるのか見当たらない。そのため、ラジオのチャンネルを変えることも、電源を切ることもできない。

女性作業員が物をかきわけるように進み、台所と奥の部屋の境目あたりで立ち止まった。たった1枚の出前のチラシを手にし、それを老婆に見せて笑顔で尋ねる。

「これはいるかしら？」

老婆は女性作業員の手からチラシを奪いとって言った。

「いるわよ！　お昼に注文するもの」

続いて、彼女は手のひらサイズの折り紙で作られた置物を取り上げる。

「これは……いらないですよね？」

老婆は目を吊《つ》り上げ、「いるわよ！　デイサービスで私が作ったものだもの」と声を張り上げた。

数十分後、行政の担当者が到着した。片付けが全く進んでいない状況を見てため息をつき、「いらない物は捨てましょうよ……」と老婆を説得する。私にもこの家にある物は、すべてゴミにしか見えない。しかし、多くのゴミ屋敷に住む人と同様、普通に捨てることができたらこうはならない。老婆にとってはどれもこれもゴミではなく、思い入れのある品なのだ。

廃棄でなく整頓で

室内で最も場所を占拠しているのは、何百着という洋服類。一つひとつ、老婆に要不要を確認しながら「洋服を減らす」ことになった。

「着るのよ！　子供にもらったものだもの」

「これは私が編んだものよ」

「ブランド品なんだから」

なかには、値札がついたままの新品同様の服もある。女性作業員が根気よく交渉する。

「世の中には洋服を着ることに困っている人もいます。ここにある物を少しでもリサイクルに回せたら喜ぶ人もたくさんいるでしょうね」

きれいな洋服類は「リサイクル」に回せて本人の利益にもなる。しかし、それでも老婆はなかなか手渡さない。

洋服に紛れて、失禁したらしい尿の臭いが漂う毛布類まで出てきた。それも一旦は

「いる！」と叫んだが、女性作業員や行政担当者の必死の説得で、何とか「処分」として段ボールに入れる。

通常の現場なら数時間で段ボールの山となり、2トンロングトラックが満タンになるのだが、この日の午前中はわずか段ボール2箱にとどまった。

午後は物の廃棄でなく、〝整頓〟で室内のスペースを作っていく作戦に切り替えた。物を「冬物洋服」「夏物洋服」「バッグ」「書類」など種類別に段ボールに仕分けして、きれいに揃えて並べていく。だんだん床が見えてきて、ゴミ捨て場のようだった室内が部屋っぽい雰囲気になっていった。

やがてベッドの上の物をすべてどかすことにも成功。9時半から作業を開始し、時計を見ると16時近くになっていた。最後は食べ物やホコリだらけのベッドに丁寧に掃除機をかけ、作業を終了する。

「よかったねぇ。今日からベッドで眠れるね」

作業の終了間際にやってきたケアマネジャーがそう話しかけると、老婆が初めて笑顔を見せた。皆にうながされて、ゆっくりとベッドに横になる。ごろんごろんと体を左右に揺らし、嬉しそうな様子だ。ベッドが物でいっぱいになってからは部屋の床で、そこも物で埋まってからは台所のわずかなスペースで体を折って眠っていたという。

帰り際、女性作業員が老婆と握手をしてこう言った。

「もう私と会うことがないように生活してね。私たちは整理・掃除屋だから」

整頓を終えたあとは、その状態を「キープする」必要がある。整理整頓のルーティン化、入手ルートをしぼるなど、改めてここで誰かと一緒に〝マイルール〟を作り直す必要があるだろう。これについては次章で解説する。

3 一緒に捨てる

ゴミ部屋に愛着を持つ女性

整理によって生活再建への目処《めど》がつけばいいが、一旦は業者が片付けても、その道のりが遠い場合もある。

2020年の年末、ある地域の包括支援センターから、一人暮らしの70代女性の部屋の片付け依頼が入った。詳細を聞いた石見さんが「ちょっと厄介な現場かもしれない」と口にする。

「ションペット（尿を入れたペットボトル）はないと思いますが、レジ袋などに大爆弾（＝便）を保存している室内です」

依頼した地域包括支援センターに話を聞いた。

「数年前から当センターで様子を見守ってきました。時折、様子がおかしいことがあって、ご近所の方も心配していたからです。今回は『カバンがなくなった』とここに駆け込んできました。その中に家の鍵が入っていたというのです。それで一緒に警察署に行くと、どなたかが道端に落ちていたカバンを届けてくれていました。ええ、カバンの中にちゃんと鍵も入っていましたよ。警察署からそれらを受け取り、念のため私がご自宅までお送りすると、室内にゴミがたまっていたことがわかったんです」

私を含めた作業員4人で、70代女性が住む1DKの室内の整理を担当することになった。依頼人から指示された物を「捨てる」のだ。

ノックをすると、白髪交じりの長い髪をゆるやかに束ねた女性がドアを開けた。

女性の背後にはあらゆる物が45リットルの透明なゴミ袋に入れられて、山積みになっているのが見えた。手前に2畳程度のキッチン、奥に6畳ほどの1室があるが、床はゴミ袋に埋め尽くされ、室内はどこも〝ゴミの上にしか立てない〟状態だ。トイレや風呂

ゴミ山の中を歩く住人の足は、心配になるほどむくんでいた

は、それぞれのドアの前にゴミが山積みで使えなくなっていた。

「あの……片付いていなくて……」

女性は私たちと視線を合わせないようにしながら、おどおどと言う。その日の現場チーフである平出勝哉さんが「大丈夫ですよ」と、優しく声をかける。そして室内に「床が見えるスペース」ができるまで、「屋外にいたほうがいい」と提案した。作業を始めて数十分もすれば、室内にスペースができますから、と説明する。

玄関ドアから2メートル程度離れた屋外に、家主の女性はいることになった。貴重品が詰まったカートを手に、マンションの柱に寄りかかるようにしている。ズボンの裾《すそ》は膝のあたりまでめくれていて、そこからのぞく足がむくんでいた。これまでのゴミ屋敷でも何人かいたが、やや心配な足のむくみ方だった。むくみとともに、どこかにぶつけたらしい傷跡もある。痛さを感じないのだろう。重度の糖尿病かもしれない。

手袋、マフラー、コートでフル装備しても、身震いしてしまうほどの寒い日だが、彼女はカーディガンしか着ていない。

「寒くないですか？」

私が尋ねると、「大丈夫」とうなずき、「部屋にあるカートには中身が入っているかもしれない」と心配そうにつぶやく。室内からカートが全部で７台も出てきた。家主の女性と一緒に中身を確認し、どれも空だったので処分にまわす。

彼女に断ってその場を離れ、私も室内に入った。いつもより防臭効果の高いマスクをし、便にふれる可能性を考えて軍手ではなく、ビニールのゴム手袋をはめる。

室内の物はどれもこれもゴミ袋に入れられていて、むきだしで置いてある物のほうが少ないくらいだ。スーツケースやカバン類、中身の入ったペットボトル類までもゴミ袋に入っている。本人なりの〝仕分け〟なのかもしれない。

そのゴミ袋のほかに、布製の黄色や青色のバッグも大量に出てくる。中身を確認しながら整理を進めていると、

「緑色のバッグはいるの！」

と、玄関付近から女性の叫ぶ声がした。作業員同士で顔を見合わせ、

「緑ですね。わかりました。とっておきます」

と、玄関に向かって返事をした。

なかなか見つからなかったが、しばらくしてゴミ山の下から緑色のバッグが出てきた。買い物で使うようなエコバッグ風だ。ゴミ山から出てきたくらいだから、もちろん使っている形跡はない。中をのぞくと透明なビニール袋が数枚入っているだけだった。

「この緑色のバッグが必要なんですか？」

女性の近くまで行ってそれを確認すると、彼女はうなずいて無言で私の手からバッグを奪い取る。

水道も電気も止まっている

室内のゴミ袋やバッグを運び出していくと、至るところからゴキブリが出てきた。1DKの狭い空間で、私が見ただけでも100匹はいただろう。しかも勢いのあるゴキブリだ。物をどかして光に照らされるとゴキブリが動き出し、勢いあまってゴキブリ同士

でぶつかったり、収納タッパーの中にもゴキブリがいて元気に走りまわっている。適度に暖かく、食べものも豊富な上にゴミ山による死角が多くて、きっと住み心地が良いに違いない。大中小とさまざまなサイズのゴキブリがいて、中には半分体がちぎれていたり、物につぶされて圧死しているものもいた。

むきだしの荷物にも、ゴミ袋に入っている荷物にもところどころカビが生えている。袋同士の隙間から、未開封のサバ缶やお茶のペットボトルが出てくる。なぜか消毒薬も多い。木箱に入って「新米」のシールが貼られた、未開封の米も出てきた。もちろん数年前のもので、もはや〝新米〟ではない。

そして予想通り、「便」も出てきた。トイレのドア前にゴミが山積みだった時は中を確かめることができなかったが、室内の荷物を搬出したあとにトイレのドアを開けてみると、中にはビニールに小分けされた大量の便が……。水道が止まっていて、トイレが使えないようだ。水道料金を支払っていないからではない。本人は「水道が壊れている」と主張するが、どうやら元栓を閉めているらしい。

「蛇口をひねると、水がびしゃーっと止まらなくなるの……」と言う。

「もし水が止まらないことがあったら、また元栓を閉めればいいですから」

と説得して開栓し、水道を使える状態にしておくことになった。

便の回収のほうは、生前遺品整理会社である同社ではできない。後日、清掃局に回収をお願いすることになるという。

しかし休憩中、トラックの荷台近くで、一人の作業員が「なんか臭うな……」とつぶやいた。ゴミにまぎれて少しだけ、便が処分段ボールに入ってしまったようだった。

「サービスで1、2箱（便が）入っている」

平出さんが冗談めかして答える。

「フレッシュな臭い」

つらい現場もジョークに代えてしまうのが同社現場のいいところ。だがこの日私は、皆と一緒に笑えなかった。

彼女はゴミがなくなっていくのが不安そうだった。作業員が処分用の段ボールに入れる様子を凝視し、たびたび「それは何？」と尋ねる。物を見せて「いりますか？」と尋ねると、「いる」と答える。でもこちらが「汚れているから」「ほかにも同じような物があったから」などと説明して、処分の方向に促せば納得する。その問答を繰り返し、丁寧に仕分け作業を進めているが、部屋が片付いていく様子にうれしさが感じられなかった。依頼人の満足が得られないと、途端に作業を続けることがむなしくなる。

片付けが進むとともに室内の床がだんだん見え始め、家主の女性は部屋の片隅に椅子を置いて腰かけ、私たちの仕事を見学するようになった。

長年物で覆われていた床面に大量のカビが発生していた。それを見た女性は、椅子から降りてしゃがみこみ、床に落ちていたコインでごしごしとカビや汚れを削り始めた。誰も入りこめない孤独な雰囲気を感じて、私はたまらない気持ちになった。

「こちらでやりますよ」

声をかけたが彼女は首を横に振る。そしてまた一人、床をこする。そのまわりをゴキブリが走る。孤独死現場であれば殺虫剤を使うところだが、生活している環境ではむやみやたらに使えない。

作業が進んで物が少なくなると、室内が寒く感じた。電気が止まっているため、備えつけのエアコンは使えない。

「電気も使えるようにしたいですね。電気のない生活はどれくらいなんですか」

作業の途中で、平出さんが尋ねる。

「2年くらい……」と答える女性。部屋の片隅には冷蔵庫がホコリをかぶっていた。

「お金がない！」

平出さんが「残りはどれを処分するか」と、女性に尋ねた。

室内で目立つのは、ベッドの上の山積みの物。私たちの思いを察したのか、彼女は「ベッドの上の物は触らないでほしい」とつぶやいた。

「それならゴミを捨てずに、ベッドの上の物を下に動かし、部屋の隅に整理して置くのはどうでしょう」

前回の生活保護の老婆と同じ手法だ。私もそれがいいと思った。しかし女性は首を縦に振らない。私は床にひざまずき、彼女に目線をあわせて話しかけた。

「いつもどこで寝てらっしゃるんですか？」

「ここのベッドの上で寝ている……。いつもはそんなに物を置いていないから」

彼女が私を見ずに答える。

「追加費用がかかるわけではないし、必要なことがあれば私たちを使ってほしい。ベッドの下の物だけでも処分してはどうでしょう」

ベッドの下にもタッパーや本などがホコリまみれで詰まっている。その隙間でゴキブ

作業は終了したが、ベッドの上に大量に残された物の山

リが走りまわっているのが見えた。せめてこ
こだけでも片付けたい。
「いい……」と、小さな声。物を捨てられる
ことに警戒心を抱いているのだ。
「僕らはトラックに積まれた処分するものを
整理して、もう一度確認してきますから」と、
平出さんが言い、作業員はその場から皆いな
くなった。室内には私と女性だけ。
私は彼女の足のむくみが気になっていた。
「病院にかかられているんですか？」
「えっと、かかっていない……」
聞き取れないほどの声だった。やはり誰も
彼女の生活に介入できていない。
私は女性に向き直り、これで最後という気
持ちでもう一度聞いた。

「寝づらくないのか心配なんです。こんなに物が積まれていて、この上に寝たら体が痛くなってしまう。一人で動かすのも大変ですし、私にやらせてもらえませんか？」

言い方がおかしかったのか、彼女がハハハと、少し笑ってくれた。

「少しどかせば寝られるようになるから大丈夫」

「でも……」と、私がなおも説得を続けようとすると、

「慣れているところが一番だから」ときっぱりした口調で告げられた。

「そうか、そうですね。人にふれられるとわからなくなりますよね」と私が言うと、彼女は黙ってうなずく。

しばらくして平出さんが戻ってきた。

「本日の会計ですが19万3500円になります」

事前におよその金額を聞いていたらしい女性は、特に驚いたような顔もせず、手元にあったカバンを開ける。そして一瞬静止したあと、慌てたようにカバンの中身を次々に外に出していく。

「あれ、あれ。お金がない……あーーーーっ！！！」

カバンからは両手いっぱい程度の500円玉、100円玉が詰められたビニール袋と

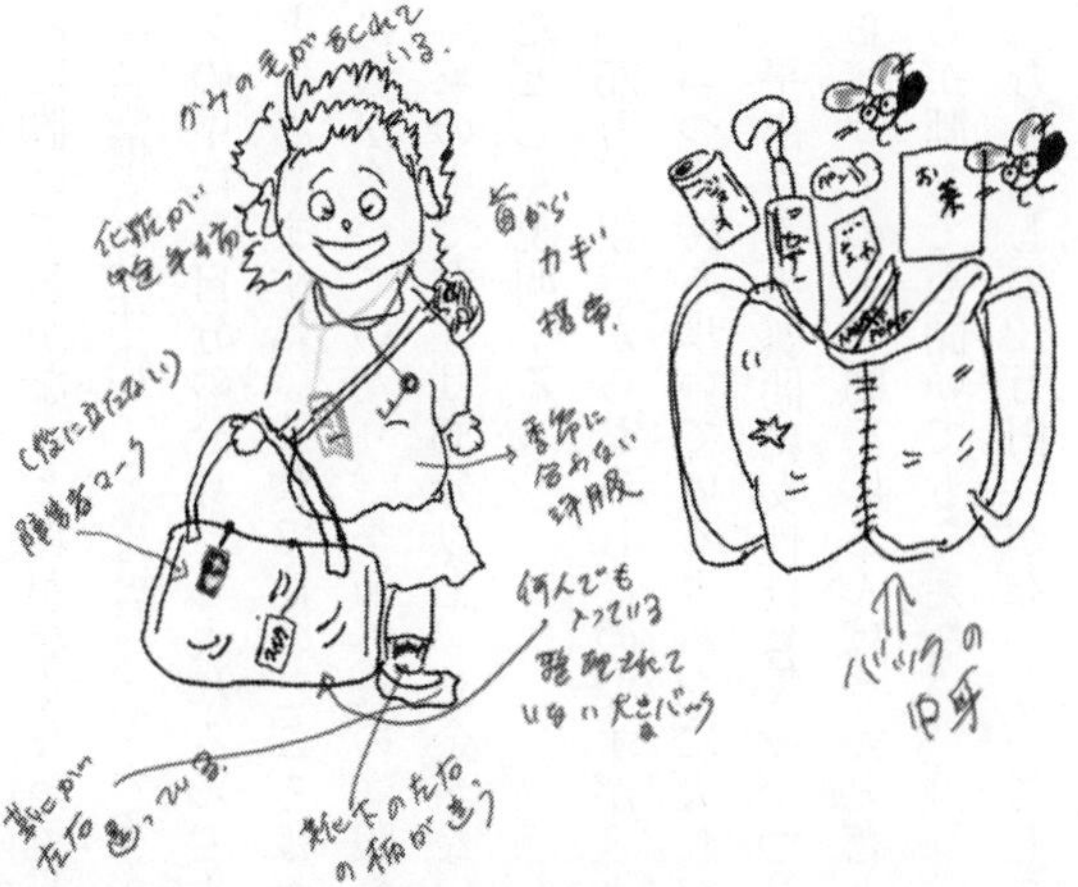

仮屋医師が描いたＡＤＨＤの特徴を表したイラスト

〝むきだしの12万円〟が出てきた。全部数えれば19万円程度ありそうだが、女性は「違うの、昨日お金をおろしたの！」と叫ぶ。

平出さんが「ゆっくり探せばいいですよ」と声をかけるが、耳に入っていないようだ。彼女は「ない！　ない！　ない！」と繰り返し言い、パニックになっていた。

この様子を見ていて精神科の仮屋暢聡医師（まいんずたわーメンタルクリニック院長）のイラストを思い出した。発達障害の一種、「注意欠如・多動症」（ＡＤＨＤ）の人は、かなり大きいバッグを一つ持っていて、その中にジュースや傘、領収書、保険証などさまざまな物を詰め込んでいる。普通の人はその日のコーディネイトによってバッグを選ぶが、ＡＤＨＤの人は一つのところに置いておかないと物がなくなってしまうため、同じバッグを使用するのだという。

「〝記憶の外在化〟と僕は言っているんです。頭の中で整理ができないですから、カバンの中に〝自分の分身〟を入れるんです。首から鍵や携帯を下げるなど、身に付けることもありますね。それで他のところはかまわない。左と右の靴下の色が違ったり、靴下に穴が空いていたり、季節外れの洋服を着ていたり……などということもあります」

家の中で女性は30分以上、お金がないと探し続けていた。平出さんに向かって、たどたどしく説明する。

「25万、銀行からおろしたのですが……」

「いつも持ち歩いているカバンに入れたんですか？」

平出さんの質問に女性は答えず、「うーん、うーん」とうなって泣きそうになりながらベッドの上の物をばさんばさんと落としていく。そこにはないと思いますよ、と私たちが制しても聞いてもらえない。

〝むきだしの12万円〟がなくなってしまうのではないかと、私は気になって仕方がなかった。何度も「まずはこちらをしまってください」と声をかけるのだが、女性の頭の中は「おろしたはずの25万円」でいっぱいのようだった。

「あったーーー！」

彼女が叫んだ。部屋の片隅にあった、いつもと違うカバンの中に封筒があったのだ。中身はたしかに25万円。

依頼人が前を向ける整理を

支払いを済ませた後、平出さんはもう一度、「僕たちにできることはないでしょうか」と、確認した。

「大丈夫、ありがとうございました」

女性は頭を下げる。平出さんは一瞬、戸惑ったような表情をした。

「依頼人が希望するゴミを処分する」というのが仕事の合格点とすれば、それでもいいのかもしれない。

しかし、石見さんは口癖のように「依頼人が前を向ける整理を」と、話している。この現場でそれができたとは言い難い。

できれば今日からゴミが積まれた床ではなく、ベッドで眠ってほしいと私は思った。

けれど彼女の心を動かすことは、ついにできなかった。私にとって悔いが残り、忘れられない現場になった。

この女性がそうとは限らないが、前章でADHDの患者はゴミ屋敷化しやすいと述べた。一つのことに集中するのが難しいため、長時間におよぶ片付けや部屋全体を見通しての整理整頓が難航しやすいのだ。

仮屋医師のもとに通う50代のADHDの女性患者は、かつてゴミ部屋だったがヘルパーが入ることで部屋がきれいに保たれているという。

「潔癖症なのに家の中は散らかっているんですよね。特にコロナ禍になってから、診察室に来る際も靴にビニールを巻き、手にもビニールをはめている。家で濡れティッシュやトイレットペーパーをたくさん使うので、それで部屋の中があふれてしまうようです。でも、ヘルパーさんがいる物といらない物を本人と一緒に選別し、『いらない物は捨てていきましょうね』とアドバイスして、部屋の通り道を確保するように導いてくれています」

これが身内だと恥ずかしがったり、長年の関係性で築かれた感情から一緒に行うことが難しい場合もあるかもしれない。

70代の隣人が手伝う

隣人とのコミュニケーションで救われたゴミ部屋の住人がいた。

足が不自由でゴミを捨てることができなくなり、ゴミがたまってしまったというアパート住まいの70代男性からの依頼である。ケアマネジャーやヘルパーが男性の生活援助を行いたくても、物が多くてとても部屋に入れる状況ではない。アパートを管理する不動産屋が見かねて、あんしんネットへ連絡をとったという。

事前に見積もりをとるため、平出さんが男性宅を訪ねると、同じアパートで隣に住む70代男性が同席した。依頼人の男性宅には、ションペット（ペットボトルに入った尿）があった。

「これは処理困難物という扱いになるので、弊社で処理すると追加料金となりますが……」

平出さんが説明すると、隣人の男性が「大丈夫だよ。俺が（作業当日までに）捨てておくから」と申し出てくれたという。

作業当日は平出さん、アルバイト作業員、私を含めて計5人で1DKを片付けることになった。

室内にションペットはないものの、〝尿の臭い〟がする。私はこれまでの現場ですでに臭いに慣れているが、初めて嗅ぐ人にはつらいかもしれない。これを隣人が処理したというのだからすごい。アルバイトの作業員も「あんな友人ほしいなあ」とつぶやくほど二人は仲がよくて、私もうらやましくなった。

例えば、「部屋の出入りが多くなるので、一旦外に出てほしい」と平出さんが説得しても、家主の男性はなかなか部屋から動けない。しかし、

「ここで座って見ていればいいよ」

と、隣人が共用廊下に椅子を置き、外に出るよう促すと、彼はすんなり腰を上げた。

室内は大量の物が積み上がっているというより、カメラや筆記用具、小銭などが足の踏み場もないほど〝散らかっている〟感じだった。

カメラは50台はあっただろうか。レアなもの、新品なもの、多種多様なカメラが室内から出てくる。筆記用具、主にペン類も1000本近くはあったと思う。

家主の男性は、私が部屋を出入りするたびに「××はとっといてくれたかな?」と声をかけてきた。作業員の中で唯一女性だったため、話しかけやすかったのだと思う。

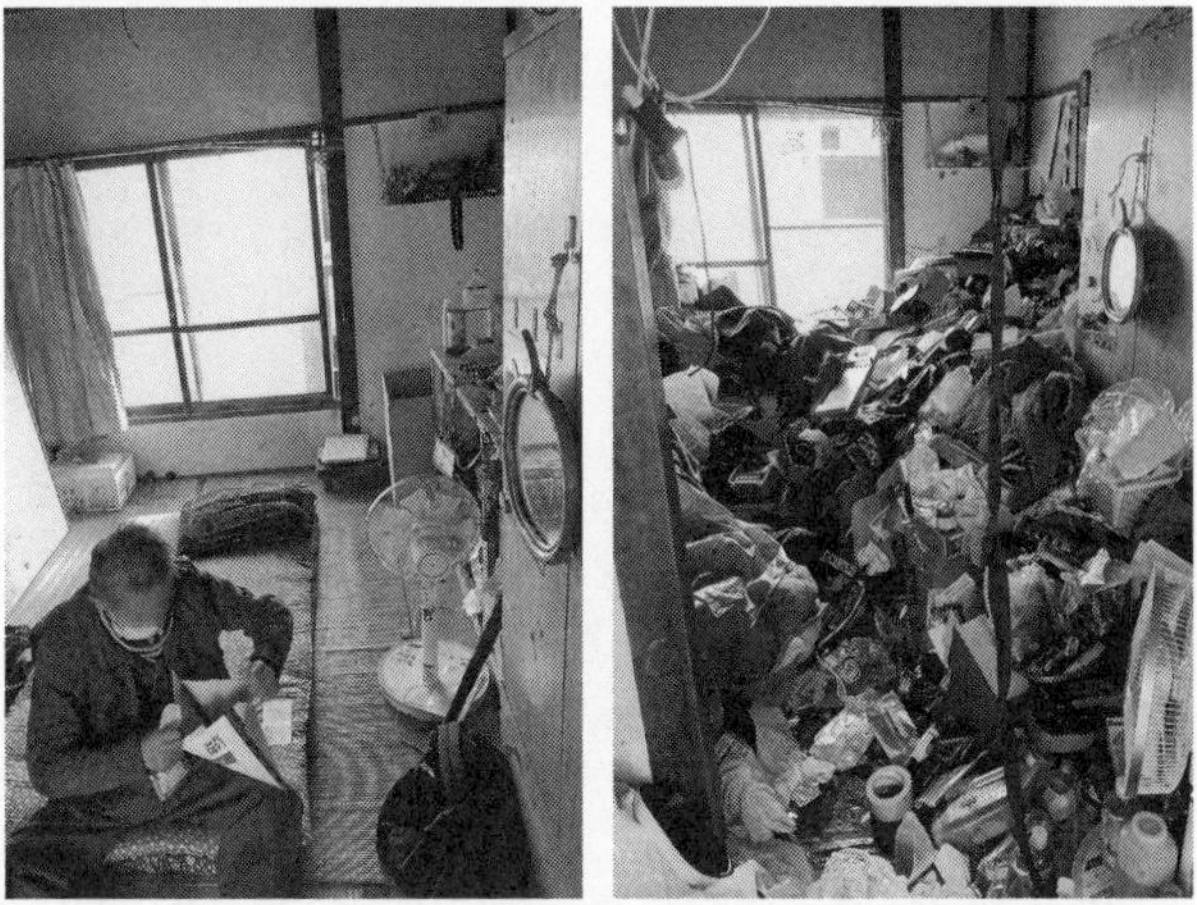

片付け前（右）と片付け後（左）の様子

ちなみに××の内容は毎回違う。私に尋ねてくる時は、この世が終わってしまうかのような不安げな様子だった。

「全部あそこにきれいに分けていますよ」

私が答えると、男性は安心したように何度もうなずき、「ありがとう」とつぶやく。

一方で作業員が廃棄するべきか否かの判断に迷うと、こちらから家主の男性に声をかける。しかし、尋ねてしまうとやはり物への思い入れがある本人は〝捨てる〟決心が揺らぐ。返事ができなくなる男性に代わって、隣人の男性が「捨てなきゃしょうがねえだろう」「もう使わねえよ」と横から口を出す。それを聞いて家主の男性が、「捨てちゃってください」とかぼそい声を出す。その繰り返しだった。
男性の部屋は1日の作業でしっかりきれいになった。
それを見て、家主の男性も、隣人の男性も、作業員の私たちも、皆笑顔になった。
「きれいになってよかった。次に頼む時は死んだあとだな」
家主の男性のその言葉を聞いた時、
(あぁきっと、この人は孤独死しないだろうな)
と、平出さんは確信したという。

ゴミ部屋に詰まっているゴミや、そこに込められた住人の思いを、ある人が一人ですべてを受け止めるのは難しい。でも、誰かがその閉ざされた空間をノックし、隣人や友人、ケアマネジャー、整理業者などをまきこんで手分けしてゴミを処分しよう。そして時々でも、その住人を見守る存在があれば、ゴミにまみれた生活からきっと抜け出せるはずだ。
次章はゴミ部屋住人にアプローチする、具体的な方策に迫りたい。

第4章　どこから始めればいいか？

本章では、身近にゴミ部屋に住んでいる人がいたり、もしくは部屋を物であふれさせてしまう人と暮らしている人に向けて、環境を整える術《すべ》を取り上げたい。どうすれば本人が主体的に住みやすい環境を整え、そしてその状態を維持できるだろうか。カギは、身近な人の存在である。ゴミ部屋に住む彼らの心情を少しでも理解し、良い関係が築けるといいと思う。

また片付けられない人、片付けが苦手で悩んでいる人は、治療法や「ルール」の項を参照し、「物を処分する」一歩を踏み出してほしい。

1　対立しない声のかけ方

無断で片付けない

周囲の人からすると、ゴミ部屋に住む本人がいない隙にすべてを捨ててしまいたくなるだろう。

もし近隣住民がゴミ屋敷の臭いなどについて通報すると、「環境保全条例」などがある自治体の職員はゴミ屋敷を立ち入り調査し、住人に指導を行う。しかし環境省の調査によると、回答をよせた1739の自治体のうち、こうした条例があるのは82自治体。ゴミ処分をしない場合などに罰金などの罰則を設けているのは19自治体だった。これまで強制撤去に至った例も全国で数例しかない。

また周囲が強制的に、あるいは無断でゴミを捨ててしまうと、本人との信頼関係が築かれず、いずれ心を閉ざし、周囲が話しかけても応答しなくなるかもしれない。再びゴミ部屋になった時に、触られることさえ嫌がられて環境を整備する道が遠のく。

上越教育大学大学院心理臨床コースの五十嵐透子教授も「絶対に本人の許可なく物を処分しないこと」と強調し、「話し合い、そしてご家族が本当に困っていることを伝えること」とアドバイスする。

以前、五十嵐教授が関わった家庭は、夫婦とその子供三人でのアパート住まいで、夫婦のうち片方がためこみ症であったため、室内はすごい状態だったという。「部屋の片付け」をめぐって夫婦喧嘩が何年も絶えなかったそうだが、子供の小学校入学を機に、ためこみ症患者本人が部屋の片付けを決断した。

「よく決断したなあと感心しました。お子さんへの深い愛情からだと思います。

ゴミ部屋にしてしまう本人は、それまで周囲から『捨てろ』と散々言われていますし、勝手に捨てられる経験もしているでしょう。ですから最初の〝厚い城壁〟に対するアプローチが難しい。特に家族間ですと口論になりやすいですが、お互いが思いやりをもって〝説得〟ではなく〝話し合い〟というスタンスがとれるといいですね」

私が作業員として関わった事例でも、この部屋の状態では業者にエアコンを付けてもらえないから、また大家に片付けろと言われたからなど、住人は〝否応なく〟部屋の片付けを依頼している。しかし本当は、住人自らが主体的に「片付けよう」と思う、そのメリットを感じられることが大切なのだ。

現状を変える「動機」

自ら住人が片付ける決意を持つためには、片付けるための「動機」を持つことが必要になる。

しかし、最初は現状（ゴミ部屋）への理解がなく、「変えることの必要性」も感じていないかもしれない。

「同居している家族や隣近所の人たち、別に住んでいる家族や親戚の人たちから『どれだけ言っても、処分をしてくれません』といった相談がよくあります」と五十嵐教授が続ける。

「周囲が現状の深刻さを伝えれば伝えるほど、ためこみ状態の人の〝拒絶〟は強くなりやすい」

これが先ほど述べた〝厚い城壁〟だ。それでは周囲は具体的にどのような関わり方をすれば強固な城壁の中に入れてもらえ、物でいっぱいになっているスペースを変えていくことができるだろうか。

大きくは２パターンに分かれ、一つは本人が「全く問題ない」と確信していて、第２章で紹介したような病気を抱えていても「自身を病気ではない」と思っている状況。その場合、本人は「現在所有している物はすべて必要で、処分するものはない」と言うだろう。それなら周囲は、今の状況で暮らしていくことの安全性や周囲への影響を〝情報提供する〟という姿勢で話していこう。

「話す時に、本人に希望を抱かせるような工夫も必要です。部屋を変えるためにはこんな障壁があるけれども、あなたならきっとやり遂げられるという、本人が自分への信頼を高められるような形で話すといいでしょう」

もう一つは、本人から「今すぐには取り組まないがゆくゆくは片付ける」「周囲がうるさいので少しはどうにかしないといけないと思う」「来週からやる」などの発言があり、変わることに対してポジティブとネガティブの感情の二つとも抱いている。

五十嵐教授によると「これは一方では支援を求めているが、もう一方では物の処分に直面すると保管し続けたい思いを抱き、二つの間を行きつ戻りつしている状態」という。それに対して周囲は、本人の状態をわかりやすく説明し、理解しているという姿勢が望ましい。例えば「○○さんは片付けないといけないと思う一方で、取り組みたくない思いも抱いているんですね」や、「周囲が片付けるように言うのが、とりたてて大げさにしていると思われているんですね。○○さんなりにやっていることが認められていないんですね」といった具合だ。

関わり方のヒント

ポジティブとネガティブの感情の二つを抱いている状態をもう少し細かく分類すると、四つに分かれる。(1)片付けや処分を面倒くさがる「躊躇している状態」、(2)ほかの人から指図されることを嫌い、近づいてくる他者を敵対視する「反抗的な状態」、(3)それまで何度か片付けようとしたがうまくいかなかった経験をもつ「諦めている状態」、(4)現状に対して理屈をつけて大したことないと言ったり、変化の必要性がないと語る「合理化する状態」だ。

それぞれの状態に応じた関わり方のヒントを、五十嵐教授に挙げてもらった。

•【躊躇している状態】……その人自身が処分を躊躇する理由にどのようなことがあるか、辛抱強く語りを聴き続ける。加えて、ためこみ状態が何らかの精神疾患の症状である可能性、ためこみ状態に伴うデメリット、変わることで手にできる可能性を、その人自身が探究できるやりとりが必要。

•【反抗的な状態】……仕分けや処分など何か行うとしても同意を得て行うこと、すべてその人自身が決めることを伝える。指示されているように捉えられないメッセージの送り方が必要で、複数の選択肢を提示し、その人が選択することを保証する対応をする。

•【諦めている状態】……希望をもてるようにしていくことと、片付けへの壁となっている対応策を一つひとつ、一緒に見つけていくこと。

・【合理化する状態】……その人に共感しながら、その人自身に物への対応を変えるメリットとデメリットを語ってもらう。

すべての状態に共通して効果的な対応のひとつが「共感」という。共感とは、相手を責めたり批判しないだけでなく、その人が話したことに同意や支持もしないでただ〝受け入れる〟態度だ。口でいうのは容易《たやす》いが、誰かと会話をする時、人はどうしても自分の思う方向に話をもっていきやすい。本当の共感は専門家でないと難しいのだ。ましてゴミ部屋を片付けてほしいと心の中で願っている人なら、つい感情的になってしまう場面もあるかもしれない。そんな時は仕方ないと私は思う。周囲の人は共感できない自分自身を責めないこと。

周囲の人が最も大切にしなくてはならないことは、ゴミ部屋に住む人を受け入れ、理解しようとしながらも、答えを出し、動き出すのは「本人」であるということではないだろうか。それを忘れずに会話を重ねてほしい。

２　医療機関でできる治療法

認知行動療法の効果

さて家族や周囲による話し合いが難しいとなれば、「専門の先生ならいいアドバイスがもらえる」「あなたが心配」などと理由をつけて医療機関を受診することも有効である。もちろん、ためこみ症をはじめ、統合失調症や強迫症、うつ病などの精神疾患があればその治療ができるが、それらでなくてもゴミ部屋になる人は「物への認知」が歪《ゆが》んでいる。第三者からみればゴミにしか見えないものに、過剰に愛着を持ちためこんでいるわけだから、「それは本当に必要なものなのか？」「ためておく価値のある物か？」という「認知の修正」が医療機関では行えるのだ。

認知行動療法という言葉を聞いたことがあるだろうか。医師や心理職などとの面談によってストレスをためやすい思考や行動の癖に気づき、修正していく方法だ。

単純な例だと、メールを送ったのになかなか返信が返ってこない時、「嫌われたのかも」と捉えるのでなく、「忙しいのかもしれない」と考え直す。通りすがりに知り合いの人に挨拶したのに返事が返ってこなかった時に「無視された」と思うのではなく、「聞こえなかったのかもしれない」という側面からみる。

認知行動療法はさまざまな精神疾患に効果があるが、ゴミ部屋の背景にある「ためこみ症」にも効果があることがわかっている。

全国に先駆けてゴミ部屋に住む患者に対する行動療法を行ってきた、精神保健指定医でハートクリニック理事長の浅井逸郎医師に聞いた。

「『ためこみ症』というのは、物を獲得する、ためこむ（整理整頓ができない）、捨てられない、という三つのパートからなっています。その結果、部屋がぐちゃぐちゃになってしまう。三つのパートすべてに〝ゆがんだ認知〟があるわけですが、ある研究では認知行動療法は〝ためこむところの認知〟に作用していると報告されています」

浅井医師は、5人以上のグループで行う認知行動療法を行ってきたが、集団認知行動療法による改善度は21・4％。個人の認知行動療法を行った21・5％の改善と、ほぼ同等の効果だ。

集団認知行動療法では、最初に治療を受ける〝動機〟〝モチベーション〟を高める。「なぜ今日ここに来たのか」と参加者に問いかけると、「家の中で歩くのもままならない」「隣から臭いと言われた」「おふくろがうるさくてしょうがない」などいろいろな理由が出てくる。個人なら一つしかない動機が、皆でやると「それもあるある」と複数に増えていき、うまくいくとモチベーションが高まりやすい。

日本には根づきにくい

次に、なぜある物を獲得したいと思うのか。「生活費の何割もかけて欲しくなるのはおかしいと思いませんか？」と医師が聞くと、「変だと思っているんです」という言葉が出てくることもあるという。なぜ捨てられないのか、取っておくのか、というのも、擬人化されていれば異常な認知だ。「私の○○ちゃん」ではなく、普通に〝物の名称〟で表現してもらう。

「同じ質問を問いかけ、認知行動療法の参加者一人一人が回答していくと、それは個人でやるよりも繰り返しの学習になり、〝認知が修正〟されやすくなります」と浅井医師。

一方で、グループではプライバシーに深く関わることは話しづらいというデメリットがある。

個人の認知行動療法の治療費は高額だ。アメリカでは臨床心理士の人件費と、教材費で最初の1週間がなんと80万円と試算されている。しかもここには場所代が含まれないため、日本で行う場合、クリニックのテナント料や受付などの人件費などを加味すれば、月に100万円を超えると計算された。

15年前、浅井医師は何とか国内で認知行動療法を根づかせたいという熱い思いがあった。コストを安くするために「グループでの認知行動療法」を実施し、他の医療機関に先駆けて始めた。金額は12回コースで、およそ3万6000円。月に換算すると9000円程度の支払い。アメリカの80万円や100万円などと比べれば、現実的な金額である。しかも臨床心理士ではなく医師によって認知行動療法を行った。しかし結果は、どのコースも全滅だった。「病院として大赤字になり、よく首を吊らなかったなと思うくらいですよ」と、笑う。患者が集まらなかったのである。

「ですので今は診察の中で行動療法を取り入れています」

診察では時間をかけて、いつ、どんな物を買ったか、その時にどう考えたか、という記録を確認。「考え方の癖」は一足飛びに変化はしないが、少しずつ変わり、やがて定着していく。

認知行動療法はおよそ2割の改善といわれる。その2割の改善を本人や周囲がどう捉えるか。

「ためこみ症を直接治療する薬はありませんが、例えば物を買う時の衝動性を抑えるような薬を使うなどの方法があります。一般的に薬物療法の効果は3割以上。そうすると、薬と認知行動療法の両方を合わせれば5割、10人のうち5割くらいの人が良くなると考えられます。臨床的には両方の治療を同時に試したいところです」

一度、物を減らす重要性

本章の最初に「本人に無断で物を捨てない」と述べたが、〝無断〟は良くないにしても、「物を一度減らす」ことは大切だ。浅井医師が診たゴミ部屋に住む患者が、たまたま体の病気で入院する際、本人に相談した上で第三者に部屋を片付けてもらったという。

「本人と喧嘩しながら捨てた事例もありました。私見ですが、1回捨てればその状態を維持するのは協力者がいれば可能だと思います」

こんな例もあった。40代男性で漫画をためこみ、しょっちゅうシリーズをまとめて買ってくる患者がいた。浅井医師が診察を通して一旦捨てさせることに成功したものの、その後も購入する癖は続いていた。

「診察の際に『また床が見えなくなってるんじゃないの？』と聞いたら、『娘と協力して処分している』と言うのです。お嬢さんは軽度の知的障害なのですが、シンプルなルールを決めて一緒に守っていったんですね。時々、ヘルパーさんに彼の家の様子を見に行ってもらっていますが、『ゴミ屋敷じゃないですよ』と報告されます。一度片付けてから、もう7年くらい経過しています」

「一度、物量を減らす」方法は、ためこみ症だけでなく、ＡＤＨＤをはじめ、うつ病、認知症、統合失調症などの「症状の一つ」の〝ためこみ行動〟にも有効という。

「大人になって急に部屋が乱雑になるのはためこみ症以外のケースのほうが多いですが、どれも精神科領域で治療が可能です。ためこみ症は、医療とつながっていない人が多い。当院がある神奈川県の人口約９００万人で考えれば、およそ14万人くらいの人がためこみ症であってもおかしくない。しかし精神疾患の患者を多く受け入れても、ためこみ症の患者はごく少数なのです」

「医療機関」と「ゴミ屋敷の住人」がつながるルートができるといい。重度になるほど医療が介入するのは難しく、放置されている例がほとんどだ。

大事なことは〝一人で〟はできない、と浅井医師は繰り返す。

「診察でいくら患者さんにお説教をしても、部屋はきれいになりません（笑）。必ずご家族の協力が必要です。ご家族のいない単身者は非常に厳しいですが、その場合はソーシャルワーカーや行政の人の協力を得る形もあります」

協力者が誰もいなければ、「医療機関を協力者」にしてもいい。本人でも周囲でも、現状に行き詰まり感があるなら、ぜひ一度、恥ずかしがらずに精神科を受診してほしい。

3　これからのルールをつくる

「入手ルート」をしぼる

何らかの手段で部屋をきれいにしたら、再びゴミ部屋にならないようにその状態をキープする必要がある。

その際、まずは「入手ルートをしぼる」こと。九州大学病院精神科の中尾智博教授は、「なかなか難しいのですが……」と前置きした上で、こう話す。

「必要かもしれないから手に入れておこうという考えを持つ人が多いです。物を必要以上に取得して、どんどんストックを作ってしまうんですね。やはりインターネットだと買いすぎてしまう傾向にはあるので、ネットでの買い物には制限を設けましょう。食べものも、『食べるかもしれない』『おいしそうだった』『今安いから、買っておこう』など、食べるかどうかを別にしていろいろな理由で買ってしまう。ですから安売りセールやスーパーに行く〝頻度〟を下げることが重要だと思います」

ためこみ症の人であれば、「カテゴリー分類できない」面があり、それが〝物の増加〟につながってしまうようだ。一つの例をあげるとすると、「鍋」の使い方。一般的には複数の料理を一つの鍋で行うが、ためこみ症の人の場合、スパゲティをゆでる鍋、ラーメンを作る鍋、炒めものの鍋……など、用途が細かく分かれやすい。

「ですから『~用』で新たな物を買ってきたら、それを購入した店に返品しに行かせることです。ただし返す前に、周囲の人は何を目的にそれを買ってきたのか、理解してあげてほしいですね。それをしないで『またお金もないのに買ってきて！ いくつ鍋を持っていればいいのよ。返してきて』と言ってしまうと、うまくいきませんから。本人なりの理由を聞いて、理解した上で話を進めることが大切です」（五十嵐教授）

前述したが、ためこみ症の人であればクリエイティブな一面がある。周囲が思いもつかないような「用途」を考えて購入した可能性もあるため、そこを努めて冷静に聴くと効果的かもしれない。ヒートアップしそうな時は、ゴミ部屋に住む人は病気かもしれない（もし診断がついているなら「病気」）と自分の心に言い聞かせよう。アルコール依存症と同じで「意志があれば飲まないでいられるわけではない」のだ。「病気」が「購入への衝動性」を高めているのかもしれないと考え、相手を責める言い方はできる限り避けたい。

物に対する保管期限を決める

物に対する「1か月あたりの購入額」を決めよう。その上で整理整頓や片付けのルールを家族や同居する人、身近な人と決められるといい。

五十嵐教授が教えてくれたのは、「基本の五つ」。

「使ったら戻す、開けたら閉める、落としたら拾う、脱いだらかける、使ったら洗う、ということです。冷蔵庫に『開けたら閉める』など貼っておき、行動を習慣化すること。Ａｍａｚｏｎでよく物を買うなら、購入したその日のうちに段ボールを開封して処分するなど、細かくルールを決めてチェック表を作ってください。それをケアマネジャーやご家族などが日々チェックして、複数回続けられたら好きなものを買うなど、ご褒美を設定するんです。がんばった！　という拍手も忘れないでくださいね」

一人暮らしの方なら、２週間に１回程度、「誰かに家に来てもらうこと」をルール化してもいい。その際、「私が部屋を訪ねる時は××はきれいにしておいてね」という提案も効果的だ。実際にきれいになっていたら、「きれいになっているね」と言葉にして〝評価〟してあげられると、本人の片付けへの意欲を高める動機になる。

中尾教授は「捨てる行動」を重要視し、〝物の消費期限＝保存期間〟を決めることを提案する。

「ためこみ症の患者さんですと、レシートや新聞も〝いつか使うかも〟〝役に立つかも〟ととっています。でも実用性として持っておくべき期間というのは、物によってありますよね。レシートなら１年、新聞なら数か月、もう少し大事なものなら３年など、期間を決めることです。洋服も３シーズン着ないなら捨てましょう。もしくはものすごく思い入れのある愛着品なら、ランドセルを永久保存するように、部分的に保存する方法でもいいでしょう」

同じような種類のものを集めているなら、その一つだけを残して、ほかは処分や寄付、バザーに出すのもいいだろう。

自分の排泄物を持ち続ける気持ち

ゴミ部屋に住む人、中でもためこみ症の人は、なぜそのように物への愛着が強いのだろうか。五十嵐教授の話に、私はとても納得した。

「アイデンティティのひとつが、肩書きである人は多いでしょう。肩書きというのは、自分が何をしている、自分は何者かというものを表すもの。それがためこみ症の人は〝何を持っているか〟なんです。記憶の象徴が物でもある。例えばチューインガムの外包を大事にとっている、などは普通は理解できませんが、それを捨てるとそれを使っていた時の自分がいなくなるような感覚になってしまうんですね」

第3章で紹介した男性を思い出した。彼は数年前にフェレットを知人に譲ったのに、そのケージを数年間も保管していた。しかもケージの中には、フェレットの糞や尿が残っていて、異臭を放っていたのだ。「片付けようと思ったけれど、このケージがなくなったらフェレットとの思い出もなくなってしまうように感じて」と、男性は涙目になっていた。

きっと男性は、フェレットといい時間を過ごしたのだろう。失明してフェレットを手放さないといけなくなり、それが彼にとって大きな喪失体験になって、ゴミ部屋が悪化してしまったのかもしれない。ためこみ症の人の物のためこみ方は、発達障害や強迫症、PTSDの人と違って、自分の心の中の穴を埋めるのに必死な部分があるという。しかし〝ためこみ〟では決して満たされない。だから底なし沼のように物をため続けてしまう——。

尿や便などをためることにも、「自分の所有物として手放せないということがあるかもしれません」と五十嵐教授が説明する。

単に物がたまってトイレに行けないという実用的な面だけでなく、体外に出た自分の所有物（排泄物）を持ち続けたいという側面があると考えられるというのだ。

「統合失調症の患者さんであれば自分がそれを撒《ま》き散らしてはいけないという妄想、思い込みがあったりするのですが、ためこみ症の人は〝自分の物を手放す〟という行為がダメなんですよね。常識では考えられないのですが……」

そのような発想があるのかと私は心底驚いた。

ためこみ症の人は、片付ける能力がないわけではない。他の人の所有物なら整理することができる。ところが自分の所有物、自分の物に対しては、他者に譲る、片付ける、手放す、ということが難しくなるのだ。

「透明な容器」を使うといい

それはつまり、「物に対する責任感」であるという。責任感がないからゴミ部屋になる、つまり物を雑に扱っているのだろうと思っていたが、そうではないらしい。物の行く末を見極めるため、手元に置いておきたいという気持ちが起きるようだ。

「だから寄付はできないし、誰かに譲ることも難しい。〝ちゃんと使われるだろうか〟と心配になってしまう。最後まで自分がちゃんと持っていないといけないという思いにとらわれるんですね」（五十嵐教授）

その物を責任を持って、クリエイティブに使いたいというこだわりに支配される。そのため、自分の〝視野の外〟にいってしまうことが不安なのだ。

誰しも、支払期日のある用紙、締め切りが近い仕事など、忘れないように見えるところに置いておく時はあるだろう。ためこみ症に限らず、ゴミ部屋になってしまう人は、「見えるところに置いておきたい」という思いが強いといえる。片付けの現場で、透明なビニール袋に小分けしている人を見かけることが非常に多いが、それも本人なりの良い方法、〝見える化〟ということなのかもしれない。

「ええ、そうかもしれないですね。すべての物を平面に置いているから片付かないわけです。かといってファイルや箱に入れてしまうと本人が不安になってしまうので、私は透明な容器に保存をすることをお勧めしています。〝ラベルを貼る〟という方法もありますが、それ以上に〝見える〟ほうが本人は安心するのです」

悩んで迷って、それでも少しずつ決断して物を手放したり整理することができたり、現状を維持できたら、周囲は「今日もきれいになってってありがとう」という一言をかけてあげたい。ゴミ部屋にしない人は「片付いているのが当たり前」だが、ゴミ部屋に住む人は「物があふれているのが当たり前」なのだ。お互いの当たり前をぶつけあえば加害者と被害者に分かれ、力関係ができて、いずれは破綻《はたん》する。

〝居心地のいい空間〟は、人と人との関わり方から生まれるのかもしれない。

第5章　再び現場から

1　整理業者の目から見えること

孤独死しやすい高齢者の特徴

私はあんしんネットの皆さんと、たくさんのゴミ部屋を掃除してきた。専門家は分析し、医療者が患者を治療するのも大切なことだが、現場目線から見えてくるものはまた違う。より現実生活に即した防止策があるのだ。同社事業部長の石見良教さんは、ゴミ部屋に陥りやすく、そして孤独死しやすい高齢者の特徴として、下記8項目を挙げる。

(1)服装が汚い、夏も冬も同じ服を着ている、髪がボサボサ
(2)表情が硬く、今まで挨拶をしてくれていたのにしてくれなくなった
(3)小銭を扱っている様子がない
(4)室内のカーテンがいつも閉めっきりになっている
(5)痩せてきて具合が悪そう
(6)新聞や郵便物がポストにたまっている
(7)同じ洗濯物が何日も干したままになっている

(8)今まで臭ったことのない嫌な臭いが漂っている

(1)から(5)は認知症に陥っている可能性があり、(6)から(8)は孤独死の可能性があるという。

65歳以上の孤独死は年間約３万人と推測される。これまで紹介した精神疾患や、ゴミの分別ができなかったり、身体的に集荷場所までゴミを運ぶことができなかったり、生活習慣で物が捨てられないなど、さまざまな理由があり、中壮年でもそれは起こり得る。根底にあるのは「孤立」だろう。

何かのきっかけで社会から孤立すると、生活が荒れやすく、ゴミ部屋になって、劣悪な環境できちんとした食事が取れなくなり、やがて急病や衰弱していく。これを防ぐのに、石見さんは「多くの人の協力が必要」と訴える。

「民生委員や管理組合、宅配人、新聞配達店、介護事業所などの人が声かけをするだけで、見られている意識が高まり、孤立している住人の状況が好転することもあり得ます」

石見さんはある戸建てのゴミ部屋整理で、後悔したことがあるという。

「家主が生存していて、本人の依頼で始まった作業だったのですが、１階部分の整理が完了したところで2階はしなくてもいい、と言われました。2階には大量にゴミが残っていましたが、本人がOKを出してくれなければ作業を進められないので、やむなく手を引きました。

しばらくして、近くの民生委員さんが見守り活動の一環で声をかけると、その家から返事がない。なんとその人は、室内で孤独死していたんです。民生委員さんは責任を感じて仕事を辞めてしまいますし、我々ももっといろんな職種の人たちを巻き込んで、本人を説得し、ゴミ部屋を片付ければよかったと反省しました」

第3章でも紹介したが、昨年末に私が関わった現場でも、生活再建への道のりがついていない状態で、ゴミ部屋整理の作業を終えるのはつらかった。いくら本人が「これでいい」と言っても、これでは人間としての生活が保証されないのではないか、と。孤独死現場では「遺品を整理する」しかできないが、生前整理であれば、今はゴミ部屋であってもその人が生きる道へつなげられる可能性がある。だから生前整理の依頼があって、その仕事に関われる時には、できる限り家主に声かけをして話し合いたい。

「そう。『生前整理』は元気な時に将来の自分のために整理を行うことですし、それから高齢者が住みやすいように環境を整える『福祉住環境整理』も、まさに生き続けるための片付けといえるでしょう。ですから生前整理や福祉住環境整理を行う際に、『このままでは孤独死します』というようなゴミ部屋を見たら、『このままではまずいから物を捨てよう』と本気で説得します。うちの作業員でも遠慮がちに言うことがありますが、それではダメです。ゴミ部屋に住む人は孤独に生きているから、話しかけられると案外うれしいものなんですよ」

遺品整理であれば、その人の生活に思いをはせ、この物は誰の手に渡ったらいいかを考える。生前の整理の場合は、どのように物の行き先を決めるのか。しかもゴミ部屋には、例えば「レシートの束」や「賞味期限切れの食品」など、物としての価値が失われた、こだわり品が数多《あまた》ある。

「私ははっきりと断言しますよ。『これはあなたが亡くなったら、ただのゴミだよ』と。いくら大切に保管してもなんの意味もない、今処分したほうがいいと話します。それでも『処分したくない』と言う人も多いですね。その時は、『じゃあ死ぬまで抱えといていいけど、あなたが亡くなったあとに俺がここに来たら処分するからね』と言います。するとハハハと笑って、『いいわよー』と返されるのがオチですが。

でも、これだけは言えます。生前、介護、死後でいうと、死後の整理が一番大変。ですから元気なうちに、身のまわりの物の整理を少しでも進めてほしい。例えばエロ本のようなものを自分の死後に見られて恥ずかしいと思うなら、やはり健常なうちに自分の手で始末するしかない。50歳を超えたら考えたほうがいいでしょう」

物量を1・5トンまで減らす

石見さんがライフステージに伴う「物の量」を推計してくれた。生まれた時の0歳は、おむつやミルク、衣類、おもちゃなど、本人の荷物は段ボール2箱分（0・02トン）。これが小学校入学時には勉強机や椅子、学習用品、ゲーム、本、洋服などが増えて10箱（0・1トン）。さらに大学入学の頃は20箱（0・3トン）、結婚して40箱（2トン）、第2子誕生で55箱（3・5トン）、60代前半で子供たちが結婚して巣立ったと考えると、この時点でおよそ60箱（4トン）の荷物があるという。これを1・5トン程度まで減らしておけば、自分が認知症になって介護を受ける立場になったり、突然死をしても、残された親族の負担が少ないという。

具体的に自分で整理をするなら、自分の持ち物を下記四つに分類するといいとのこと。

そして分類に沿って処理の仕方を決めるのだ。
⑴今、使っている物↓いる↓現状維持
⑵全く使っていない物↓いらない↓処分、譲渡
⑶10秒迷った物↓どうなんだろう？↓相談し、片付ける
⑷思い出のもの↓残す↓コンパクトにまとめる（デジタル処理、一部分を残すなど）
ペットも、自分の死後の引き取り手を考えたい。人には福祉制度があるが、ペットには何もないのだ。最近は、孤独死現場での「ペットの置き去り」が問題という。
「死後２週間経った現場で、猫だけポツンと生きて鳴いていたことがありました。それは同じマンションの方が引き取ってくれたのでまだいい例ですが、ペットが一緒に死んでいるケースも少なくありません。ベランダの室外機のそばに鳩が巣をつくっていて、別の業者に回収してもらうなんてこともあります。法律の関係で、巣に卵やヒナがいれば、我々には手を出せないのです。ですから東京都に連絡して、専門の業者にお願いするのですが、ヒナ１羽回収するのに、１万円もかかって……」
例えば毎月積み立てをし、「飼い主に万が一の事態があった際の引き取り」を請け負う業者がある。自分であらかじめ「引き取ってくれる人」を決め、その人に相談の上、

「遺言書」を作成するという手段もある。遺言書に引き取ってくれる方の名前と、託すお金を記しておけば万全だ。

整理業者に頼むといくらかかるか

さて、部屋の片付けを整理業者に頼むと、一般的にどれくらいの金額がかかるだろう。現在、あなたの部屋が片付いていても、親や親族、友人などの家で、ある日突然〝片付けなければいけない〟状況に陥ることもある。実例とともに整理業者に頼む際の注意点を取り上げたい。

3年前、12月のある朝——。

「実家を訪ねると、父が倒れていました。そして、あたり一面〝血の海〟だったんです」

その2日前の夜に父親から電話があったが、仕事で電話に出られなかったと話すA子さん（50代）。あくる日に折り返し電話をかけたが、何度かけてもつながらない。そのためA子さんは、自宅から電車で30分程度の場所にある実家を訪ねた。すると1階で、父親がうつぶせに倒れていたという。居間と台所の2部屋を仕切るガラス戸が割れ、あたりには血とともにガラスの破片も飛び散っていた。

「目にした瞬間、〝死んでる〟ってわかりました。でも私は『父が倒れています』と、救急車を呼んだんです。なんででしょうね、死んでるって言ってはいけない気がして……。１１９の電話では『お父さんを起こすことはできますか？』と聞かれたのですが、『起こせません』って答えました。うつぶせで、父の顔は見えませんでした。でも少しふれると冷たいし硬いし、死んでいるのがわかる。でも死んでるって言えない。私では運べない。搬送できない。そんな思いでいっぱいでした」

救急隊は到着するなり「これは……」と状況を察知し、すぐに「私たちは帰ります」と引き返した。代わりに警察が来て、Ａ子さんへの事情聴取が始まった。

父親の頭がぱっくり割れており、警察は事件と事故の両面から調査を行ったという。

検死の結果、父親は起床してから心臓発作を起こし、倒れ込む時にガラス戸に頭をぶつけ、血まみれになったのではないかと結論づけられた。頭の傷が先か、心臓停止が先か議論になったそうだが、倒れる際には心臓が止まっていたのではないかと推察された。

「もし頭の傷が先だったら、あれほどまっすぐには倒れないいんじゃないかと言われました」（Ａ子さん）

A子さんの父親は、80代。8年前に妻が病で亡くなってから一人暮らしだった。ほかの子供たちは海外で暮らしていたため、主にA子さんが時々実家を訪ねていた。A子さんによると、「父親はアルコール依存症だった」とのこと。特に55歳以降は「もうすぐ死ぬんだから好きなことをする」と言って仕事をやめて酒浸りに。飲み過ぎて暴言を吐き、中毒を起こして倒れては病院にかつぎこまれの繰り返し。

「だから正直言って実家は大嫌いだった」とA子さん。

それでも、父親の遺体を見た時には衝撃だったのではないか？　と私が聞くと、彼女は「はい」と、小さな声でうなずいた。

「一生忘れられないです。検察が遺体をきれいにしてくれて顔を見せてくれたんですけど、やはり頭が割れていた姿はショックでした。帰ってから熱が出て、胸が苦しくて……」

遺体が運ばれたあと、床に1メートル四方の血だまりが残った。A子さんは当初自分で掃除しようと考えた。

「でもフローリングにゲル状になった血液がこびりついてしまい、ガラスの破片もそこにくっついていて、自分でいくら拭いてもとれません。しかもだんだん気分が悪くなってきて……インターネットで『特殊清掃』と検索して、『小さい案件でもいい』と書いてあるところに連絡しました。電話をすると、その会社はすぐに来てくれたんです」

「特殊清掃」とは第1章でも述べたが、事件や事故などで遺体がダメージを受け、室内の原状を回復する清掃作業のこと。

もしあなたがA子さんの立場で、特殊清掃にお願いするとしたら、いくらまで出せるだろうか。

A子さんの依頼は「1メートル四方の血の拭きとり」で、業者から提示された金額は5万円。あんしんネット事業部長の石見さんに伝えると、「やや高め」とのこと。

「ですが最低でも3万円はするでしょう。問題は金額よりも、その後の処理。ひどい業者は血を拭きとったタオルをトイレに隠して置いておくなんていうところもあります。特殊清掃は資格がいらないため、法律上は誰でも始められますが、本来は現場の状況によって使用する薬剤が異なるなど、ある程度のノウハウが必要な仕事なんです」

できるところまでは遺族が行い、あとは話してみて信頼できる業者に託すことを石見さんは勧める。

悪徳業者を見分けるコツ

また、室内の遺品整理についてはどうだろうか。

今、遺品整理の需要が高まるにつれ、整理を専門とする業社もみるみる増えていき、悪徳業者がはびこっているのが問題になっている。

〝整理業〟は特別な許認可が必要とされず、料金がガラス張りになっていない。依頼人に高額な料金を請求し、摘発される業者が出てきているのだ。かなりの割合の業者が詐欺まがいの行為をしていると言ってもいいだろう。基準となる値段がないため、いくらでも上増しできてしまうのだ。

先に荷物をトラックに積み込んでしまって、あとから高額な作業代を請求したり、現金や価値のある品が出てきても黙って持っていったりする業者もいる。見積もりでは20万円、あとから260万円を請求されて困り果て、消費者センターに泣きついた事例もあった。また悪徳業者の中には、廃棄物の処分代金を惜しんで処分場と契約を結ばず、無料で出せる家庭ゴミとして処分してしまうところもある。これは不法投棄にあたり、業者が摘発されれば依頼した人も罪になることを知っておこう。

悪徳業者を見分けるコツは「事業所の所在地」だ。整理業は本来広いスペースを必要

遺品整理の見積もり例

	事例1	事例2
依頼内容	闘病の末、病院で亡くなった人の遺品整理	猫を飼っていた女性が急病で孤独死した遺品整理
間取り	２ＤＫ	３ＤＫ
主な家財	ガスコンロ、電子レンジ、机、布団多数、照明器具、ワープロ、エアコン、小型冷蔵庫、小型テレビ、洗濯機、書類多数（総撤去物量9㎥）	食卓、電子レンジ、大型箪笥2、小箪笥、ベッドマット、布団6枚、照明1台、猫タワー2基、エアコン、大小冷蔵庫、大テレビ2台、小テレビ、洗濯機（総撤去物量35㎥）※特殊清掃あり
スタッフ	3名	11名
作業時間	6時間	13時間（2日間）
金額	19万円（作業費6万円、撤去費8万3400円、配車費2万1000円、家電リサイクル料金1万9000円、エアコン取り外し費6600円）	69万9600円（作業費22万円、撤去費36万7500円、配車費7万5000円、家電リサイクル料金3万500円、エアコン取り外し費6600円）

※「あんしんネット」資料提供

とするため、マンションの1室で行っているようなところは信頼性が低い。そのほかホームページで作業員の顔写真が公開されているかどうかも目安になる。問い合わせ先が携帯番号の場合や、炊飯器○円、椅子○円など個別の料金ばかりを並べて「安さ」を謳《うた》っているところも避けたほうがいい。

上に実際にあった遺品整理の金額を挙げておくので参照してほしい。

私もA子さんの実家に残っている荷物をリストアップし、整理業の会社に電話をし、概算見積もりを聞いてみることにした。ネットで検索して10件に電話すると、そのうち8件が「電話では答えられない」と言い、何とかこちらの住所を聞き出して押しかけようという雰囲気を感じたが、残り2件は電話口で丁寧に答えてくれた。おそらくリサイクルを想定しながら「テレビは何年のものか」など、業者側からの質問もあった。ここが重要なのだが、整理業は「不用品回収業者」ではなく、その「仕分け」が鍵になる。書籍や着物、骨董品・美術品、OA機器、ピアノなどの〝価値ある物〟を見極め、依頼人に買い取りの提案をしてくれるところが良心的といえるだろう。A子さんの実家は4DKの戸建てで、ゴミ屋敷ではないものの、どの部屋にも一般的な家具が置いてあるレベル。私が良心的と感じた2社からは「20万～30万円以内」という返答をもらった。

親亡きあとの遺品整理という行為を、A子さんは「初めての感覚」だと口にした。「父親は酒癖は悪かったのですが、整理整頓はきちんとする人だったので、部屋はきれいなほうだと思います。それでも死後の〝仕分け〟という行為は大変です。調味料一つとっても、どうやって捨てればいいのかわからないものが多い。しかも使うために仕分けをするのではなく、すべて捨てるために分類をする。賞味期限の切れていない食品類や、まだ使用できる洋服など、本来なら捨てなくてもいいものを、廃棄するために仕分けするという行為が、虚《むな》しく感じます」

父親の酒癖の悪さで実家は安心できる家ではなかったから、帰りたいと思ったことがないから、できるだけ遠くに行きたいと思っていたから——だから、親が残した家を自分で片付けようとは思えない。

「けれど一方で、片付けるのは子供である自分の役割だ、自分しかいないという気もするんです」（A子さん）

結局A子さんは「1メートル四方の血の拭きとり」の5万円のみを業者にお願いし、家の中に残る両親の荷物は、時間をかけて自ら行うことを選択した。

2　依頼人と業者の関係

一人暮らしの親族が「認知症」に

今、ゴミ部屋と自分は関係がないと思っていても、どこでつながりができるかわからない。作業員として仕事をしていると、つくづくそう思う。

特に新型コロナウイルスの発生からステイホームが推奨され、在宅時間が延びたことで「ゴミ屋敷が増えていると実感する」と、石見さんは言う。今年のゴールデンウィーク中、「あんしんネット」に「認知症を発症した高齢者の家を片付けてほしい」という依頼が入った。約20年ほど前に夫を亡くした一人暮らしの80代女性が住む戸建てで、依頼主は女性の姪《めい》である。

女性は体の病気の治療のため、病院に入院となったが、本人との意思疎通がとれない。困った病院が、唯一の身内である姪に連絡をとった。姪は、叔母《おば》である女性の家をしばしば訪れていたようだったが、決して家の中には入れてもらえないでいた。しかし今回、女性の入院を機に鍵を受け取り、玄関に一歩足を踏み入れると、なんとゴミの山だったのだ。

「姪の本音としては、この家の家財をすべて撤去し、家を売却して、そのお金できれいな老人ホームに住まわせてあげたいと考えているようです」

と、石見さんが説明する。

「でも、本人には自分が認知症であるという認識はありませんし、いきなり家財をすべて撤去してしまうと退院後に混乱してしまうだろうと伝え、相談した結果、1階部分のゴミと思われるものの撤去のみをすることになりました。2日間整理をすれば、きれいになること間違いなしの現場です。『ザ・福祉住環境整理』の見本のような仕事をしたい」

あんしんネットでは、「介護ベッドを入れるためのスペースづくりをしてほしい」など高齢者の住環境整理を「福祉住環境整理」と呼んでいる。例えば今回であれば「退院後に介護を受けながら通常の生活が送れる環境」が目標だ。姪の手続きによって介護認定を受けられたところのようで、本人がどうしても老人ホームを嫌がった場合は、ホームヘルパーが通いながら、引き続き自宅で生活していくことが念頭にあるという。

カビがびっしり生えた食品

私は2日目の作業に参加させてもらった。

室内に足を踏み入れた時、いつものゴミ屋敷の臭いはしなかった。玄関入って手前に和室、奥に15畳程度のリビングと、その隣に台所。すでに玄関や和室はだいぶ片付いていて、新しくベッドも置けるだろうし、人が暮らせる環境であった。

2階に二部屋あるようだが、依頼内容は1階のみだから、今日は奥のリビングとキッチンの作業が中心になるのだろう。大人の膝くらいまでゴミが積まれているものの、シヨンペットなどの排泄物は見当たらないし、生ゴミ臭もしない。私だけでなく、ほかの作業員も「そんなに大変な現場ではないだろう」と思ったに違いない。だが、実際はとんでもなかった。

30分ほど経った頃、リビングで働いていた男性作業員が「うわっ」と叫び声をあげた。その声につられてそちらを見て、私も同じように叫び声をあげてしまった。彼が小箱を持ち上げたら、下に2センチ程度のゴキブリが数十匹、走りまわっていたのだ。

キッチンすぐそばのリビングには1メートル四方のテーブルがあった。その上と、テーブル下にどうやら食品類が多いらしく、ゴキブリの生息場所になっているようだった。

私もその男性作業員のそばでテーブル下を片付ける。何かを持ち上げるたびに小さなゴキブリが出没する。びっしりと茶色の米粒のようなものがついたゴミも多数出てきた。石見さんに見せると、「ゴキブリの卵だろうなぁ」とつぶやく。手袋ごしでもすぐ手放したい。

80代女性というと、私の祖母と同年代。祖母は若者が好むようなものは食べないが、この家では飲み干したコカ・コーラのペットボトルがいたるところに転がっている。

〝赤いきつねうどん〟も次々に出てくる。未開封のものもあれば、食べかけのものもある。食べかけで強烈だったのは、インスタントの焼きそばだ。

「見ます?」

男性作業員が私にその中身を見せてくれた。もはや茶色の部分は一ミリも見えない、黒グレーの焼きそばだ。いや、カビがびっしり生えすぎていて、焼きそばのあの麺の影さえも見えない。何も知らない人にこの容器の中身を聞いたら〝粘土〟と答えるかもしれない。

不思議だった。住んでいた高齢女性は、インスタントの焼きそばにお湯を注ぎ、できあがって食べかけたところで、何かほかに気になることが出てきたのだろうか。そしてもう焼きそばのことを思い出すことはなく、その容器はそのままにして、そこにゴミが積み上がっていったのだろうか。「食事内容を覚えていないのは『もの忘れ』で、食事をしたかどうか覚えていないのは『認知症』」とよくいわれるが、これが認知症の典型症状なのだと家を見て感じた。

45リットルのゴミ袋に満タンになるほどの「内服薬」も見つかった。薬を受け取った日付はビニール袋に記されているが、服薬した形跡が全くない。医師には診察の時に、何と話していたのだろうか。部屋からは生きようとする意欲や家主の感情を感じられない。今はきれいになったが、ゴミの中でカップラーメンを食べていた姿を想像すると、私はもの悲しい気持ちになった。

また、夫の位牌の横の壁には、こんな貼り紙があった。

〈仏壇の前より金のアクセサリーを持っていった人に罰をあたえてください。私の大切にしていた品です〉

女性は「盗難」にあったと思ったのだろうが、それも認知症の症状の一つである「被害妄想」の可能性が高い。

そして片付けを進めるうちに、白い四角い箱を見つけた。中に小さな箱が10個程度収まっており、「ティファニー」「パール」「ダイヤ」などと赤マジックで書かれている。やっぱり〝盗難〟ではなかったと思っていると、箱の角から親指大の茶色のゴキブリがにょきっと顔を出した。ひゃあっと叫んで、蓋《ふた》を閉め、私は石見さんに手渡す。

石見さんと私を含めて作業員は全部で7人。1日目、2日目ともに、2トンロングトラックが満タンになるまでゴミを搬出し、ようやく1階すべて、人が住める環境になった。ゴミを搬出したあとは、家具に積もったホコリや部屋の隅のホコリの塊が目につく。床にも生ゴミの汚れがこびりついている。全員で1時間半程度かけて、室内の清掃を行

片付け前（右）と片付け後（左）のリビング

った。ホウキではき、マジックリンで床を拭き、クリーナーの機器を使う。キッチンはブラシでゴシゴシとこする。

「きれいになったなあ！」

作業を終える頃、至るところで作業員の嬉《うれ》しそうな声があがった。

信頼できる人を見つける

今回、リビングでゴキブリが大量発生したテーブル付近を片付けていると、テーブルの真下から高さ40センチ程度の金庫が出てきた。中には通帳を含めた貴重品が入っている。そのあたりはゴミでいっぱいだったから、最初は金庫の存在もまるでわからなかった。物を捨てていくうちに出現したのだ。ほかにも部屋の至るところから証券や通帳などの貴重品類が出てきた。小銭も出てくるたびにビニール袋にまとめていったら、部屋全体で5リットル程度の袋にいっぱいになった。業者の中には金銭をかすめとる人もいると聞く。実際にここでかすめとっても誰にもわからない。本人は預金も証券も記憶にないだろうし、金庫の存在を誰も知らないからだ。

自分が一人暮らしなら、もしくは親族に一人暮らしの人がいるなら、あらかじめ信頼できる業者を見つけておいたり、預金の整理をしておくことが必要だと感じる。

前述した医師の海原純子氏は、インターネットで探して出会った整理業者が「すごくいい人であった」と繰り返し言う。

「申し込みを相談している時のメールのやりとりがきちんとしていました。当日の段取りや、トラックの駐車の仕方なども細かく聞いてきたんです」

海原氏は見積もりは部屋の写真を撮影したもので判断してもらったとのことだった。そしてあらかじめ上限はいくらまでは増えてもいいが、それ以上は出せないことを業者に明確に伝えていたという。

整理業者に依頼する場合、大事な物を処分されたり、見積もりより多く請求されたりといったトラブルはよくある。依頼する際に見積もりや契約書がきちんとしている業者を選ぶといいだろう。地域包括支援センターなどの公的な立場や、相続に詳しい専門家に紹介を相談してもいい。

死後を頼む

あんしんネットには時折、「私が死んだら、遺品整理をお願いしたい」という依頼もある。

東京都内で戸建てに一人暮らしをする60代女性が、石見さんにそう連絡したのは、5年前の12月のことだった。その女性はがん闘病中で、抗がん剤治療のため都内に入院していた。石見さんは病院まで訪ねて、彼女から詳しく依頼内容を聞いたという。

「女性の身内には唯一お兄さんがいたのですが、お兄さん夫婦に迷惑をかけたくないと。退院後はヘルパーなどの介護を受けながら、引き続き一人で生活したいという希望がありました。ゴミ部屋になっているから恥ずかしいけれど、自宅の鍵を預けるので、今すぐここを見てきてほしい、とお願いされたんです。そして退院後にスムーズに暮らせるように、すべての部屋の整理を、また自分に万が一のことがあったら遺品整理も、という依頼でした」

女性宅は1階がキッチン、ダイニング、リビングに和室6畳、2階が洋室＋和室という造りで、一人住まいとしてはかなり広い3LDKだ。当時の室内写真を石見さんに見せてもらうと、物が〝山積み〟ではないが、〝足の踏み場がない〟状態。2階の和室以外は、床面が見えず、大量の洋服や大きな紙袋が放り投げられていた。

「我々の仕事の場合は、まず『作業段取り書』を作るんです。それで依頼人に作業日までに『これは捨てないでほしい』と思われる物をリストアップしてメモ書きでいただけるようお願いしました。例えば衣類であれば、必要な衣類は『貴重品段ボール』を作ってそこに確保、処分する衣類については90リットルのビニール袋にまとめていくんです。本や雑誌類も同様ですね。処分か保存か迷う場合は、一つひとつ依頼者に確認します。この女性とは何度か整理に関する打ち合わせをして作業内容をつめ、あとは作業日を決めるということで連絡を待つことになりました」

しかしその後、女性から連絡がくることは二度となかった。

「どうしたのかなと思っていました。すると半年後、女性のお兄さんから電話があったんです。私へ依頼した1か月後、彼女は退院することなく、病院で亡くなったことを聞きました。驚きましたよ。大変残念でした。お兄さんは妹が私に室内の整理をお願いしたことなど知らなかったのですが、彼女の持ち物に『作業段取り書』を見つけ、『妹の家を整理してもらうのは、あなたしかいない』と言われたのです」

もちろん石見さんは、ほかの作業員とともに女性宅の遺品整理を行った。「やっぱり生きている時から知っている間柄だから、こういう風に整理をしてあげたいという気持ちがあった」と、話す。

「通常は遺品を見ながら持ち主の人生をうかがい知りますが、生前にお願いされた場合は、ご本人に直接聞けます。ですからその人の人生がより深くわかり、大事な物の区別がつきやすいですね。生前にお願いされた遺品整理を行っていると、まるで自分の家族の遺品を整理している気持ちになります」

身内でなくても、自分を気にかけ、心配してくれた作業員の手によって死後の整理が行われるのであれば、幸せだろう。

「物の整理は簡単にできる。でも、最終的に整理してあげたいのは、残された家族の〝心の整理〟」だと石見さん。

「だから現場で故人の思いを読み取るようにしています。窓からの風景を見て、目の前に桜が咲いていればこの角度に座って見ていたんだろうな、ここで酒でも飲んでいたんだろうなとか、イメージを展開させていく。想像力を働かせ、故人や依頼人の心をつかまなければ本当の整理をしたことにならない。

ゴミ山になるのも孤独死してしまうのも、どこかに原因があるはずです。だから現場に入ると、なぜこの人は孤独死してしまったんだろう、逃れる術はなかったんだろうかといつも考えますね」

3　死後を片付ける思い

初めての特殊清掃

ゴールデンウィーク明けの5月上旬、私はあんしんネット勤務10年目の大島英充さん、第3章のエロ本現場でチーフを務めた溝上大輔さんとともに、孤独死現場に向かった。

マンションに一人暮らしの60代男性が浴槽内で亡くなったという。近くに住む内縁の妻の依頼で救急隊が踏み込み、死亡した男性を発見、警察が遺体を運び出した。死後、数週間は経過したとみられている。その浴室をきれいにしてほしいという親族からの依頼であった。これを「特殊清掃」という。先にも述べたが、特殊清掃とは、遺体の腐敗でダメージを受けた場所の原状回復をする清掃作業のこと。資格がないため誰でも始められるが、現場の状況によって使用する薬剤が異なり、ある程度のノウハウが必要な仕事である。時にゴミ屋敷現場以上に臭いがきつかったり、危険な作業も含まれるため、あんしんネットでは基本的に社員しか携われない。

現場は、駅から徒歩3分ほどの場所に位置し、一目で高級マンションであることがわかるような外観だった。死亡した男性宅はそのマンションの最上階に位置する。高層階ではないものの、エレベーターをおりて共用廊下に出ると、街が一望でき、爽やかな風が流れていた。

しかし玄関ドア付近に立つと、本書冒頭でも書いた、あの死臭が漂ってきた。

荷物を置き、先に大島さん、溝上さんが現場の状況を見にいくという。大島さんは通常のマスクを外し、業務用の防臭マスクを装着する。溝上さんも付けるよう促されたが、「これで大丈夫」と通常のマスクのまま中へ。

開け放れた玄関からは、まともに嗅いでいられない異様な臭いが漂う。

事業部長の石見良教さんの言葉を思い出した。

「浴室のバスタブで亡くなるケースは、浴槽内の水を警察などが抜いてしまうことが多いんです。そうなると臭いの被害が広まってしまい、後の清掃が大変となります。今回は特殊薬剤をお湯に溶かして、配管内の汚れを落とさなければなりません」

大島さん、溝上さんが顔をしかめながら外に出てきた。あれほど「これで大丈夫」と言っていた溝上さんが、即座に防臭マスクに付け替える。そして私に対しても、このマスクに代えたほうがいい、と繰り返す。

「気分が悪くなられても大変なので……」

これまでそんな心配をされたことがなかったので、私もさすがに不安になり、すでに付けていた高機能不織布フィルター使用のマスクの上に、さらにその防臭マスクを装着した。少し息が苦しい。そして今回は作業着の上に、頭まですっぽり入る防護服を身に付ける。露出している部分は〝目のみ〟だ。

室内に入ると、玄関、左に折れて廊下があり、左右に1部屋ずつ、奥に見晴らしのいいリビングとカウンターキッチンが見える。その手前に脱衣室と浴室があった。

「中を見てみますか？」

大島さんに声をかけられ、息を止めて浴室をのぞいた。浴槽の下、手前のフチ、頭をのせていたであろう側面にべったりと便のような茶色いシミが広がる。頭をのせていた箇所には髪の毛がしっかり残っていた。血液らしいどす黒い赤もところどころにある。脱衣所にも遺体を運ぶ時についたであろう茶色のシミが残る。

脱衣所と浴室の掃除と物の撤去――それが今日の仕事である。

「笹井さんも、いろいろなきつい現場を作業してきただろうけど、実際の髪の毛や体液、皮膚が残っていた現場はないでしょう」

大島さんの言葉に、私はうなずいた。

浴室での熱中症発症

実は別の意味で驚きもあった。私は昨年12月と今年1月に、「週刊新潮」で特集記事「風呂場の急死はヒートショックではなかった」を発表した。これまで入浴中の事故死はヒートショック、つまり入浴にまつわる急激な温度変化によって血圧の乱高下を招き、心筋梗塞や脳卒中が引き起こされると考えられてきた。しかし東京歯科大学市川総合病院教授で救急科部長の鈴木昌医師らの調査から、別の原因であることがわかったのだ。

それは「浴槽内での熱中症」の発症である。熱中症によって意識障害や脱力感が起こり、浴槽から外に出られなくなるとさらに体温が上がり、そのまま誰も助けてくれなければ最後には湯の中に沈んで死に至る。鈴木医師らの調査からそれが明らかになったのだ。

調査は東京都、山形県、佐賀県で、脱衣所や浴槽、洗い場など入浴に関係した場所から119番を要請した4593件を対象に行われた。調査結果では死亡した1528人のうち浴槽の中での死亡は1274人と大半を占めていたが、まさかその記事を発表して2か月後に、実際の死亡現場を目にすることになるとは……。

取材時、鈴木医師は「入浴事故の一番の予防法は、一人で入らないこと」と言っていた。

「入浴すると最初は『気持ちがいい』、体温が上昇して徐々に『暑い』、やがて『苦しい』と時間の経過とともに体への負荷が増していくはずですが、高齢者は暑さに対する感覚が鈍く、気づいた時にはすでに体温が上がって熱中症を発症している可能性が高い。気持ちがいいと感じたまま意識レベルが低下する、あるいは脱力して、風呂から出られない状態になって溺《おぼ》れてしまうのでしょう」

今回はゴミ屋敷ではないが、物があふれる家の浴室での死亡例はしばしばある。「ゴミ屋敷」に住んでいると、「周囲から孤立」していて、「入浴中の死亡事故」につながりやすく、「死後も発見が遅れる」のだろう。

作業は、大島さんが浴室に一人で入り、浴槽の手前のフチについた体液や血液を薬剤をかけながらタオルでふきとっていく。私は浴室の入り口に立ち、タオルを渡しつつその模様を見学した。

普段の生活では絶対に嗅ぐことのない臭いが、何重にもしたマスクを通り、脳に伝わっていくのがわかる。気を緩めると嘔吐しそうになった。

「皮膚がこびりついて取れないんですよね……」

大島さんがつぶやく。

私の背後では溝上さんが、洗面所の水を流しながら脱衣室にある歯磨き粉や頭髪製品、掃除グッズなどの液体類を廃棄していた。香りがあるシャンプーやリンス、液体の石鹼なども流していくので、その場の臭いが少しだけ和らぐ。

男性が使っていたらしい「香水」があった。

「シャネルですよ」

それも溝上さんがどぼどぼと流していく。通常なら香水を大量に流されたら頭が痛くなるだろうが、この場では「やっと息ができる」救いにも思える。

地道な作業だった。

本来汚れた浴槽にシャワーでお湯をかけて体液も血液も流したいところだ。しかし、そうすると排水管を通して周囲の家に臭いで迷惑をかけてしまうため、それができない。ひたすらタオルでの拭き取り作業だ。石見さんは「浴槽内で亡くなっていた場合、その水を抜かないほうがいい」と言っていたが、もし今回の現場でも浴槽内に水が入ったままであれば、どのように作業を進めるのだろうか。

「ああ、その時は浴槽内の水をバケツなどで汲《く》み取り、トイレに流していく作業になります。人の脂肪が浮かんで〝豚骨スープ〟みたいなんですよ」

大島さんが答える。

広げたタオルにべったりと髪の毛がついているのを目にした。こんな光景があるだろうか。

遺族の代わりにやる

少しずつ浴槽がきれいになっていけば、臭いも弱くなったりしそうなものだが、そうでもない。固まって閉じ込められていた臭いがこするたびに放出されるのか、死臭は、強くなったり弱くなったりする。

洗面器には水が入りっぱなしだった。中に数十匹のコバエが浮いている。浴室の中にもコバエが数匹飛んでいた。いつものゴミ屋敷ならコバエがいても、不思議ではないのだが、このきれいなマンションではコバエが不釣り合いな気もした。

浴室と隣接する脱衣室にはドラム型の洗濯機が置かれていて、洗濯機の中には、数週間前から放置されていた湿った洗濯物にカビが生えていた。

男性は洗濯機にスイッチを入れた数時間後に死亡したのだ。自分が〝死ぬ予定〟でなかったことがよくわかる。

脱衣室の物がほぼなくなり、私は床にしみついている体液をタオルでこすった。最近の住宅に多く取り入れられている、汚れが落ちやすいタイプの床だから、少しの力で簡単に落ちる。その様子を目にした大島さんが「他でこの作業をやろうとすると、もっと大変なんですよ」と言う。

私は自分が手にしているタオルを見つめた。この度の特殊清掃で使用したタオルはすべて、男性宅にあったものだ。もちろんあんしんネットからもタオルを持参しているのだが、男性宅のタオルはどのみちすべて処分になってしまうため、それなら彼の家の掃除は、その物を使ったほうが良い。

香水はシャネルだったが、シャンプーやリンス、そのほかの製品も無添加で質のいいものを使っていた。何十枚とかけられた肌着も使い古したものではない。〃きちんと物が揃っていた証《あかし》〃を見て、この先の人生がなくなってしまった悲しさを思う。

浴室の汚れは、元どおりとまではいえないまでも、目をそむけたくなるような血液や体液の跡は消えた。臭いも、完全にはなくなっていないが、息を止めるほどではない。

「この後、リフォームはするんですけど……」

作業の最後、浴室の排水口に配管内の汚れを落とす薬剤を流し込みながら、大島さんが言う。

「この風呂釜を替える業者だって、こんな臭いとシミがついていたら嫌じゃないですか。だから僕らができる限りきれいにする。誰かがやらなければいけないから」

マンションの外に出て、今度は溝上さんに特殊清掃に対する思いを尋ねた。

「遺族の代わりにやってあげているという気持ちですね。亡くなった現場を見られる状態にしてあげたい」

たしかに今回の浴室を見て、これが親しくしていた人の最期の場だと思ったら、とても直視できないと思った。血液、体液、髪の毛――大切な人だからこそそれらは見たくないものかもしれない。

溝上さんが続ける。

「虫がわいているのは気持ち悪いと思いますよ。でも、髪の毛や体液なら大丈夫」

だが私はたとえ第三者であっても、溝上さんの境地にはなかなか至らなかった。気のせいかもしれないが、ゴミ屋敷でなくても、人が亡くなった現場というのは〝気の重さ〟を感じるのだ。そこを離れると、肉体的な疲労とは別にどっと疲れが襲ってくる。

整理業は時給１４００円前後

第１章で一緒にゴミ部屋を片付けたプレジデントオンライン編集長の星野貴彦さんに「バイトとしてこの仕事ができるかどうか」と尋ねると、彼は首を横に振ってこう言った。

「一度や二度であれば興味本位の気持ちが勝ってできそうな気もしますが、ずっとあの作業を続けるというのは厳しいです」

実は私もこれに関しては、同感だった。

取材のため、単発ならできる。けれど〝ずっと〟は難しい。

なぜだろうと自分の心に問いかけると、やはり「汚い現場」だからだ。本音は、人の汚物を片付ける、虫がわいているような現場で働くことに抵抗があった。ゴミ屋敷を掃除して帰宅すると、私はいつも真っ先にシャワーを浴びる。その日に身につけていた下着も、何度か処分したことがある。それでも自分の体に虫が這っているような感覚にとらわれて、眠れないこともあった。

皆はどのような気持ちで仕事をしているのだろう。

あんしんネットのアルバイトには、〝プロの芸人〟を目指して下積み期間中の人が非常に多い。オーディションを受けるなど急な仕事が入った時にも、仲間同士で勤務日を交代できるため、生活スタイルとマッチするようだ。

また懐が寂しい時に〝日払い〟で給与が受け取れるところも魅力という。気になる金額は、作業時間と現場の難しさ加減でその都度変化するが、同社の場合は通常「日当」で、時給に換算すると1400円前後。変死現場などになると、もう少し高い。また日当であるから、頑張って早く現場を終わらせれば当然時給単価は上がる。

ただ、この仕事を続けられる一番の大きな理由は「人間関係の良さ」と、どのアルバイトも口にする。

「みんな知り合いですから。変な人間関係の派閥もないですし偉ぶる人も嫌な奴もいない。とにかく働きやすいんですよ」

中には〝芸人の道〟をすっぱり諦め、同社社員になった人もいる。その一人が平出勝哉さんだ。平出さんは芸人下積みの合間に、同社でアルバイトとしてこの仕事を始めた。アルバイト歴5年、社員3年目で、現在35歳。

「芸人をしていたからか、汚れている現場のほうがやりがいがある、へこたれたら負けだって自分に言い聞かせる。何より、やれば確実にきれいになるというのが嬉しい」

芸人の場合、努力が不毛に終わることが多いという。

アルバイト時代は、作業当日に社員の指示通りに動けばよかったが、今は指示を出す側。それも社員になると「見積もり」という重要な仕事がある。見積もり現場に入って、正確にそこの廃棄量を測り、必要なトラックの台数と大きさ、作業時間、それに伴う金額を依頼者に提示するわけだが、同社では基本的には追加料金をとらないため、見積もりを大きく外せば作業日は延長になり、依頼人にも、会社にも迷惑をかける。

また本来はゴミ屋敷清掃人ではなく、「整理業」であるため、大量のゴミから〝価値ある物〟を見つけ出す目利きも必要になる。

「まだまだ勉強中の身なんですよ。石見さんにはよく嘆かれますね。けど、作業が終わって依頼人の方から『ありがとう』と感謝されると、また頑張ろうって思える」

さまざまな仕事を渡り歩いてきた大島さんも同じ気持ちだ。

「電話会社の営業をしていた時は、とにかく契約してもらうことが第一みたいなところがあったので、正直『これは誰も幸せにならない仕事』と感じました。そんな時、求人広告でこの会社の遺品整理業を見かけて、何だろうと思いながら興味を惹かれて応募したんです。面接では『人が亡くなった現場はすごいけど大丈夫？』と言われました（笑）。同時期にお酒の配送とか他の仕事にも応募していたのですが、遺品整理業が最も人を助ける、人の役に立ちそうな仕事という気がしたんですよね」

最初は簡単な現場から、徐々に孤独死の現場にも踏み込んでいくようになったという。

「死後3か月の現場を初めて見た時は、やっぱり衝撃的でした。でも、僕は作業後もご飯をしっかり食えましたし（笑）、たしかにキツイ面もあるけど、これで喜んでくれる人がいるならいいんじゃないかなって思えました」

大島さんには妻と、二人の子供がいる。先日、自分の仕事について上の子に、

「お父さんは死んだ人が残した物を片付けたり、家の中で亡くなって血がついた物を片

付ける仕事をしている」と話したそうだ。

「子供は『えっ……』と絶句していましたね（笑）。まだイメージできなかったんでしょう。僕は職種に上も下もないと思っていて、〝世の中に必要だからある仕事〟をしていると捉えています。そしてそういう仕事で自分たちが生活していることを、いずれは子供たちに理解してもらえたら」

もちろん大島さんにも、そして平出さんにも、〝憂鬱な現場〟はある。終わりが見えなかったり、自分たちが頑張っても依頼人から喜んでもらえなかったり。

それでも、一つの現場に区切りがつく頃には達成感を感じる。それが次に向かうモチベーションになる。

「それにしても笹井さんも長いですよね。しかもいろんな現場に行っている」

平出さんにそう言われてうれしい気持ちになった。実は先日、アルバイト作業員からも「昨年夏に行った現場、むちゃくちゃつらかったですよね！」と話しかけられ、思わず笑顔になってしまった。

あるゴミ屋敷の現場を一緒に数時間片付けた――たったそれだけなのに、いつのまにかかけがえのない仲間だと感じている。

私は普段、一人で取材し、一人で原稿を書いている。だから仕事を通して仲間とつながれる感覚が新鮮なのかもしれない。ゴミ部屋にいる時、周囲の人と自分が同じ世界を見ていることがわかるのだ。孤独死現場にいながら、私は一人でないと感じるのだった。

4　家の中に入れる人間関係

人間関係が「必需品」から「嗜好品」に

現代の孤独に対し、「ゆるやかにつながれる」関係が大事だと、早稲田大学の石田光規教授が言っていた。

なぜ人は孤独・孤立に陥るかというと、最大の原因は人間関係が介在しなくても社会生活が送れるような仕組みを作ってしまったことにあるという。お金とネット環境があれば、生活に必要な物はほとんど手に入る。

「だから一人が好きならそれでいいんじゃないの、と周囲が『声をかけない』ことが〝優しさ〟になってしまいました。その人にはその人の事情があるんだし、立ち入ったことは聞くなという感じです。本人は声をあげづらいし、他方で周囲は声をかけづらいという構図もできました」

人間関係が「必需品」から「嗜好品」に変わってしまったというのだ。付き合いたい人とだけ付き合い、会いたい人とだけ会う。そうなると、人間関係において〝相手を満足させる資源〟に恵まれた人ほど、多くの人間関係が手にできる。

それを最もよく表すのが「婚活」だ。見た目、年収、勤め先などの条件が良いほど対面で会うことが可能になり、交際、そして結婚に至る。石田教授がある結婚情報サービス企業の会員向けの雑誌に寄せられた「声」をいくつか見せてくれた。

〈外見的にも僕はモテるタイプではないことは自覚していますが、こんなにも毎月申込みをしているのに、良い返事どころか、お断りの返事さえももらえないのは、やっぱり僕に何か非があるのでしょうか？〉という40代の男性や、若い20代女性からも、〈男性の方はどこで判断して決めるのでしょうか？　やはり顔やスタイルで決めたりしているのでしょうか？〉と、声が挙がっている。

交際にいたるどころか、写真付きのプロフィール票で見限られてしまう人は「全人格を否定される可能性がある」と石田教授が指摘する。

「〝出会いの条件すら満たすことのできない自己〟に対して深い落胆を覚えます。『自らを受け入れてくれる人がいない』という事実が心をむしばみ、孤立感を強めます」

結婚情報サービス企業では、そのような人に対し、身だしなみやコミュニケーション講座を用意し、より〝商業的に〟彼・彼女を売り出す。もし、家を片付けられない人であれば、それは婚活では「絶対に相手に見せられない部分」だ。自分のコアな部分をさらけ出せないまま、仮に交際に至ったとしても、苦しさが増していくのではないだろうか。

孤独を感じる人

ゴミ屋敷に陥る人は独居、つまり独身者が多い。

しかし家を片付ける時、そしてその状態を維持していくためには〝伴走者〟が必要だ。医療関係者はその役割を「家族」とする。だから「結婚するべき」という指摘もされることが多い。けれども、その人が苦しい状態のまま家族を手にしたとしても、幸せにはつながらない。そもそもどうがんばっても、「家族」を手にできない人はどう生きていけばいいのか。たとえ婚活に足を踏み出しても、一層の孤独に突き落とされる可能性があるのだ。

特にコロナ禍ではオンラインが推進され、「対面で会う必要性」が見えづらくなってきた。そうなると「人間関係から撤退させられる人が増える」と石田教授はみる。

「オンライン、リモートの良さは、コストとしてマイナスだったものをゼロに戻す力があることです。遠隔地なら行く手間を省いて目的の相手とつながれる。その一方で、目的から外れた人は存在しにくくなります。まして対面となると、『わざわざ直接会わなくても』となりかねません」

〝（あなたと）わざわざ直接会わなくても〟という姿勢は、「あなたと会う時間は無駄」と受け取ってしまう人もいるだろう。

オンラインが主流となった現代では、あまり意識しなくても維持できる家族とのつながりが、ますます強固になる。結婚するまでは親、結婚後は配偶者、結婚を解消、つまり離婚や死別した後は子供というように、家族のつながりがあれば本人がピンチの時のサポートを得られやすく、社会とのつながりも失われにくい。

逆にそれを得られない人は孤独を感じる。

私自身も幼い頃に母を亡くし、父とは離れて暮らしたため、一般的な家庭が思い描けないこととと、それに対する嫌悪感がある。一方で家族への憧れ、他者と親しくなりたいという思いもある。それらが入り混じり、結局は傷つきたくないがために大事なところで人と壁をつくってしまう感覚がよくわかる。

〝弱くゆるい人間関係〟が大事なのだという。家族からのサポートを得られず社会から排除され孤立した人も、それをきっかけにまた人とのつながりを復活させられる。石田教授からこんな話を聞いた。

ある50代の独身男性が母親の介護が始まって孤立感を深めていった。以前は人づきあいが盛んだったのに、介護の苦労話を打ち明けられず、やがて母親が亡くなると自暴自棄になり、ゴミだらけの自宅に一人で過ごすようになったそうだ。

だが自宅のゴミを片付けるために呼んだ業者に、介護の苦労を話すことができた。男性は孤立から脱却できたという。

「誰でも、たとえゴミ屋敷の住人でも、日常生活の中で行く場所があると思うんです。買い物に行く、髪の毛を切る、そういった場所でゆるやかに見守れるような社会であるといいですね」

ゆるやかに人とつながる。特効薬にはならなくても、それがささやかな〝拠り所〟となるかもしれない。

自分にとっての〝物の存在〟

私にとっては「取材先」が、それに値するのだと思いあたった。だからコロナ禍で「対面取材」が難しくなった時期はつらかった。電話やリモート取材で情報を得られ、取材の目的を達成しても、孤独の穴は埋まらなかった。

そんな中、本書の取材のため、作業員として働く日々があった。ゴミ屋敷の現場を片付けていると、自分の中の他者への関わりが変化し、孤独感が弱まっていくのがわかるのだ。

ともにがんばる仲間がいる。依頼人は、恥ずかしいと感じる部分を見せてくれ、自分たちを頼ってくれる。だからそれに応えたいとこちらは思う。ゴミ屋敷に住む人に対して「なぜ？」と思うことはあっても、ゴミ屋敷にしてしまう人をそれで嫌いになることはない。

現場の作業を通じて気づいたことがある。

私自身は自分の部屋が散らかっているのが耐えられない。秩序正しく物が並んでいるのが好きだ。けれどもそれは、自分にとっての宝物があふれているゴミ屋敷の人たちと、実は紙一重の差ではないだろうか。

物を処分し、持たないことで世界を保てる自分と、持つことで自分を守るゴミ屋敷の住人。

社会から孤立していない人は、おそらく物は物であって、そこに特別な感情を抱かないだろう。

たくさんのゴミ屋敷に出会い、片付けるほど、それがその人の心を守る手段なのであれば、本人が整理整頓や片付けに懸命になる必要はないと思った。身をすり減らしてカタログに出てくるような家にする必要などない。

ただし、家計が破綻してしまうほどの「購買意欲」はコントロールする必要があるし、衛生状態が悪い、トイレや風呂にも入れないほどゴミがたまっているのであれば、そこはきれいにしなくてはいけない。だから片付けが苦手な人、物をためこんでしまう人は、誰かに「家の片付けを手伝ってほしい」と、勇気をもって発すればいいのだ。

そして言われた人は、「こんな家に住んでいたら、死んじゃいますよ」と言って、その人に手を差し伸べてほしい。

「こんな家に住んでいると、人は死にます」という言葉は、「あなたは生きている価値がある」という強いメッセージに代わるものなのだ。

おわりに

２０２１年５月下旬、私はあるゴミ部屋に再びやってきた。

第３章に記した40代男性宅である。私たちが片付けた後も、大家さんが部屋の状態を見て契約更新を認めなかったため、男性は退去となった。すでに必要な物は運び出し、男性は高齢の両親が住む実家に身を寄せたという。今回、「室内の残りの物をすべて撤去してほしい」という依頼があったのだ。

作業当日、男性宅があるマンション下で作業員が集合した頃に、男性の父親が駆けつけて頭を下げる。

「すみませんねぇ。よくもあんなに物をためたもんですよ。よろしくお願いします」

室内はたしかに一般家庭と比べれば物があふれているが、それでも２か月前に私が片付けた時よりずいぶん片付いていた。台所もトイレも風呂場もそれぞれ機能するくらいに物が減っている。

しかし、室内には前回かなりの量を処分したはずの本が、まだ数千冊残っていた。やはり女性を〝しばる系のエロ本〟が多い。

「おいおい、見るなよーー。仕事してくださーい」

エロ本を片手に動きが止まっている作業員を皆が笑う。

この日は、和やかな現場だった。

重い本が詰まった段ボールを抱えて階段を何十往復もするのは、変わらずきつい。けれど作業の終わりが見える現場だからか、気持ちが明るかった。また人が亡くなった現場でもない。前回ゴミで手の届かなかった窓を今日は開けることができ、そこから日の光が差し込んでいた。

休憩中、余力のある作業員同士がバスケットボールを楽しんでいた。

「内緒にしてくださいい。怒られてしまうから」

この日の現場チーフである平出勝哉さんがそう言って、肩をすくめる。そして「笹井さん、今日で最後なんですよね?」とこちらに向き直った。

皆がこちらを見たのがわかった。

私は静かにうなずく。

ゴミ屋敷の整理作業中の傷で足を切断したSさんに出会ったのは、ちょうど5年前のこと。自分に万一のことがあった際、葬儀をお願いしているライフネット東京の小平知賀子さんの紹介で出会った。

それからSさんの勤務先である「あんしんネット」にお邪魔し、ゴミ屋敷の現場に足を運ぶようになって丸3年が経過した。事業部長の石見良教さんはじめ、同社のみなさんには言葉で言い尽くせないほどお世話になった。一人としていやな人はいなくて、私が重い物を運んでいると、皆が手を差し伸べてくれた。

そんな貴重な現場体験から生まれたルポは、「週刊新潮」2019年10月17日号の特集記事「こんな家に住んでいると人は死にます」として発表した。

実は、私が「週刊新潮」に持ち込んだ初めての企画でもある。取材執筆を終えてから、編集部の要望で再度構成を練り直すことになった。単なるルポではなく、どのような人がゴミ屋敷に陥るかをカテゴライズし、周囲が気づくポイントや、片付けられない傾向のある方に役立つハウツーを記事に盛り込んだ。担当編集者の若杉良作さんには当時だけでなく本書を執筆する際も、励ましの言葉やアドバイスをいただき、私自身の大きな力になった。

本書は、この「週刊新潮」で実現した特集記事を大きく膨らませたものといっていい。そして、この企画を「面白い」と言い、プレジデントオンラインで連載の枠をとってくれた星野貴彦さん。2020年11月の私の誕生日から連載をはじめ、「プレジデントオンライン最大のヒットシリーズ」という有難い言葉をいただいた。記事についたたくさんのコメントを読みながら、これだけ多くの人に読んでもらえる〝オンラインの強さ〟を改めて知った。星野さん、それから写真家の今井一詞さんは、一緒にゴミ屋敷の整理清掃作業にも参加してくれた。大切な思い出である。

さらに、これまたオンライン（私のブログ）から書籍化の提案をくださった中央公論新社ノンフィクション編集部の齊藤智子さん。なんでも率直に話せる空気があって、また私が何を言っても雰囲気が悪くなることがなく、さまざまな調整を行ってくれた。オンラインで連載を展開しながら書籍も進行していく勢いのある半年間、伴走してくれたことにお礼を申し上げたい。

〝潜入〟という書名通り、私が取材のため作業に参加したことを「依頼人」は知らない。

だが私は〝取材〟だと思って作業をしたことは一度もない。いつもほかの作業員に負けないくらい、真剣に真面目に作業に取り組んできたつもりだ。

作業員の一人の塩谷宏規さんに「〝書く〟ために来ているんですよね？」と話しかけられた。たぶん私が必死な形相で段ボールを運んでいるのが面白かったのだと思う。

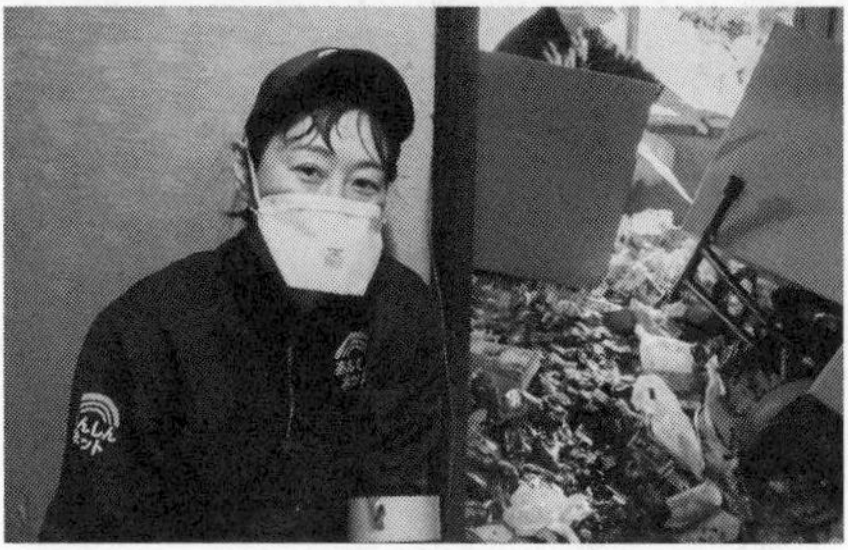

「はい。アルバイトではないですね」

私が答えると、「やっぱり実際に体験したほうが書けるんですかね」と言う。

「汗をかくと、心に残るんです」

そんな言葉が自分の口をついて出た。

最終日、エロ本満載の男性宅を片付けた後、男性の父親から彼の現状を聞いた。元気にしていること、そしてこれから息子と一緒に暮らせることを、迷惑そうではなく、とてもうれしそうに話す。

「息子の母親のほうも安心していますよ。〝もし一人で、ゴミ部屋で死んだら〟ってずっと心配していましたから」

父親の笑顔を見て安心した。「ほっとしました」と私が告げると、「ちょっと待って。今、家内（母親）に電話するから、その言葉を聞かせてやって」と父親が言う。母親とつながったスマホを手渡された。

「ずっと心配していたので、お父様、お母様のもとに引き取られたと聞き、安心しました」

私が電話口に向かって言うと、年配の女性の涙声が聞こえた。

「ありがとう。そんなふうに思ってもらえる方に、息子の部屋を片付けてもらえてよかった。ありがとう」

電話を切って、本当によかったと改めて思った。今の自分に必要なものを見極め、不要な物を処分して、彼は実家に戻ったのだ。物のかわりに自分を愛してくれる人がそばにいる。だからきっと彼は、これからも生きていける。

「住む場所」とは居場所、すなわち〝生きる場所〟で、自分の心を映し出すものであると思う。あなたにとっても、今存在するその部屋が安心して心地よく過ごせて、明日も、来年も生きていけると、そう信じられる場所であってほしい。

笹井　恵里子

本書の取材にご協力いただいた皆様（順不同）

石見良教さん、友部雄人さん、平出勝哉さん、溝上大輔さん、
大島英充さん、栗原翼さん、玉城力さん、大枝祐明さん、三井雄介さん、
岩谷史哉さん、神田一さん、塩谷宏規さん、小林翔太さん
「あんしんネット」アールキューブ株式会社の皆さん

星野貴彦さん
プレジデントオンライン編集長

中尾智博教授
九州大学病院精神科

五十嵐透子教授
上越教育大学大学院心理臨床コース

仮屋暢聡医師
まいんずたわーメンタルクリニック院長

海原純子医師

浅井逸郎医師
ハートクリニック理事長

石田光規教授
早稲田大学文学学術院

南雲つぐみさん

参考文献

五十嵐透子『片づけられないのは「ためこみ症」のせいだった!?』2019年、青春出版社
工藤哲『母の家がごみ屋敷　高齢者セルフネグレクト問題』2018年、毎日新聞出版
「Newton」ライト2.0（「精神科医が語る、こころの病気のきほん　精神の病気」）2020年11月、ニュートンプレス
「Newton」別冊（「精神科医が語る　精神の病気」）2019年4月、ニュートンプレス
『自治体による「ごみ屋敷」対策－福祉と法務からのアプローチ－』2019年、公益財団法人日本都市センター

ラクレとは…la clef=フランス語で「鍵」の意味です。
情報が氾濫するいま、時代を読み解き指針を示す
「知識の鍵」を提供します。

中公新書ラクレ
733

潜入《せんにゅう》・ゴミ屋敷《やしき》
孤立社会《こりつしゃかい》が生《う》む新《あたら》しい病《やまい》

2021年7月10日初版
2021年11月30日再版

著者……笹《ささ》井《い》恵《え》里《り》子《こ》

発行者……松田陽三
発行所……中央公論新社
〒100-8152 東京都千代田区大手町 1-7-1
電話……販売 03-5299-1730　編集 03-5299-1870
URL http://www.chuko.co.jp/

本文印刷……三晃印刷
カバー印刷……大熊整美堂
製本……小泉製本

Published by CHUOKORON-SHINSHA, INC.
Printed in Japan　ISBN978-4-12-150733-4　C1236

中公新書ラクレ　好評既刊

L244
となりのクレーマー
――「苦情を言う人」との交渉術

関根眞一 著

苦情処理のプロが、1300件以上に対応した体験とそこから得た知見から、相手心理の奥底まで読んで交渉する術を一挙に伝授する。イチャモン、無理難題、「誠意を見せろ」、「ふざけんな！」、詐欺師、ヤクザ……クレーマーとのバトルの実例があまりにリアルだ。こわい、異常だ、はらはらする……でもかなり面白い「人間ドラマ」の数々。「苦情社会」の到来で、どこにでもいる、誰もがなりうるコマッタ人への対処法を一冊にしたベストセラー。

L649
入門！自宅で大往生
――あなたもなれる「家逝き」達人・看取り名人

中村伸一 著

人の最期は、〝延命か否か〟の簡単な二元論ではない。食べられなくなったとき、息ができなくなりそうなとき、心臓が止まりそうなときはどうすればいいのか。同居家族がいない場合は。かかりつけ医との付き合い方は……。「家逝き」を望む本人と看取る側は何に備えればいいのか。「村」唯一の医師として在宅医療、介護、看取りを支援してきた経験から四つの「家逝き」の極意を伝授する。国が推進する在宅時代の現実的な「解」を提示する。

L689
お父さんは認知症
――父と娘の事件簿

田中亜紀子 著

父が認知症になった！　それなのに運転免許証を絶対に手放そうとしない父。もうちょっとで火事を出しそうになったり、病院で大暴れをしたり。気が付くと部屋は血の海で、そんな中、驚愕の姿で佇む父……。これはもう、事件簿としか言いようがない！　バブル期にOL生活を送り、これまで自由を謳歌してきた著者が、独りで認知症の父と向き合うことに。人が変わってしまった父と娘の悲喜こもごもの毎日をコミカルにつづった、介護奮闘記。